서로 다르지만 코칭으로
함께 성장하기로 했습니다

현대모비스
사내코칭 스토리

서로 다르지만

코칭으로 함께
성장하기로
했습니다

현대모비스 성장지원팀
전임코치진 지음

알에이치코리아

OPENING

우리가 지향하는
코칭을 소개합니다

현대모비스가 지난 4년간 함께 만들어온 코칭 문화 확산의 여정을 《서로 다르지만 코칭으로 함께 성장하기로 했습니다》로 나눌 수 있게 되어 매우 뜻깊게 생각합니다.

이 책을 준비하는 과정을 함께 지켜보면서 저는 〈슬램덩크〉의 안 선생님이 떠올랐습니다. 저희 세대는 〈슬램덩크〉에 나온 대사 하나에도 많은 의미를 부여했었는데, 30년이 다 된 이 만화책이 요즘 세대에게도 인기가 있다니 아마 그 내용 때문이 아닐까 싶습니다.

〈슬램덩크〉속 안 선생님은 주인공 강백호가 소속된 북산고등학교 농구부의 감독님으로, 젊은 시절에는 국가대표 농구선수였고, 대학 농구부 감독 시절에는 대학 농구 최고의 명장으로 '흰머리 호랑이'라는 별명과 함께 스파르타식의 무서운 코치로 이름이 높았습니다.

"너를 위해 팀이 있는 게 아냐! 팀을 위해 네가 있는 거다."라는 대사로도 알 수 있듯이 개인보다 팀을 중심으로 하며 기합은 당연한 분이었습니다.

하지만 총애하여 더 강하게 밀어붙였던 선수가 농구부를 탈퇴하고 미국으로 유학을 가버리고, 거기서 적응하지 못하고 교통사고로 사망하는 사건이 있은 후 대학 농구부 감독을 그만둡니다. 이후 북산고등학교 농구부 감독이 되어서는 '흰머리 부처님'이라는 별명과 함께 매우 인자한 할아버지 느낌으로 선수들의 자율성을 인정하면서 부드러운 감독이 되었습니다.

누군가는 안 선생님의 그런 모습을 보면서 방관하는 사람이라고 비판하기도 하지만 이분의 코칭 방식을 보면서 현대모비스가 지향하는 코치의 모습을 떠올렸습니다. 안 선생님은 농구 초심자 풋내기 강백호에게 계속 자신의 위치를 스스로 돌아보게

서로 다르지만 코칭으로 함께 성장하기로 했습니다

하면서 나아갈 방향을 직접 그리게 합니다. 슛을 제대로 쏠 줄도 모르면서 슛만 넣고 싶어 하는 초심자 강백호에게 실제 경기를 바라보게 하면서 수비 리바운드가 중요하다는 답을 스스로 찾게 합니다.

안 선생님은 상대방이 슛을 놓칠 때 강백호에게 계속 질문을 던져 자신이 슛을 던지는 게 중요한 게 아니라 상대방이 한 번 더 공격하지 못하도록 수비 리바운드를 지키는 것이 중요하다는 것을 스스로 깨닫고 실천하게 만듭니다.

또 슛을 쏠 수 없는 풋내기라는 게 알려져 노마크로 무시당하던 강백호가 해답을 찾게 하여 강백호가 자발적으로 미들 슛 2만 번을 연습하도록 만듭니다. 스스로 답을 구하고 실행한 강백호는 그 연습으로 자신의 비장의 무기를 만들어냅니다.

결국 〈슬램덩크〉는 덩크슛으로 끝나지 않고, 풋내기 강백호가 서태웅의 패스를 받아 경기 종료 1초를 남기고 던지는 미들 슛으로 경기를 끝내는 아이러니로 결말이 납니다.

이처럼 강하게 자신의 뜻대로 밀어붙이면서 팀만을 생각하게 하는 게 아니라 선수 스스로 깨닫도록 질문하고 자극하면서 동기부여함으로써 성장하게 만드는 것이 바로 현대모비스가 바라는 코칭, 코치의 모습이라고 생각되어 이 캐릭터가 떠올랐습니다.

아직 코칭에 대해 잘 모르는 분들이 있을 겁니다. 코칭을 하다 보면 많은 분들이 왜 자꾸 질문만 하고 코치님은 답을 안 주고 자기만 이야기하게 하냐고 합니다.

그런데 코치는 족집게 선생님이 아닙니다. 계속 질문을 던져 자기 자신을 마주하게 하고 자신 안에서 답을 찾게 만드는 것이 진정한 코칭입니다.

우리는 코칭을 통해 자기 자신을 이해하고, 팀원을 이해하고, 서로를 신뢰하며 실행하고, 함께 미래를 만들어갈 힘을 얻을 수 있습니다. 자신의 강점과 팀원의 강점을 잘 알고, 이를 최대치로 발휘할 수 있도록 서로를 도울 수 있습니다. 그 모든 과정에서 코칭은 강력한 힘을 발휘합니다.

《서로 다르지만 코칭으로 함께 성장하기로 했습니다》는 지난 4년간 현대모비스 코칭 문화 정착을 위해 우리가 걸어온 모든 여정에 대한 기록입니다. 사내코치 양성 과정, 일대일 코칭, 팀빌딩 워크숍 등의 각종 지원과 전임코치 직군 신설, 코칭 플랫폼

구축 등 코칭 문화 정착 및 확산을 위해 해온 일들, 그리고 리더들이 직접 사내코치로 활동하며 실제 업무에 코칭을 활용한 다양한 사례들을 소개합니다. 그 모든 이야기들은 현대모비스 구성원들에게는 코칭에 대한 이해를 더해줄 것이며, 코칭 문화 확산을 위해 노력하고 있는 많은 분들에게는 실질적인 가이드가 되어줄 것이라 믿습니다.

마지막으로 이 책이 발간되기까지 많은 분들의 노고가 있었습니다. 경영진의 코칭에 대한 관심과 스폰서십이 없었다면 이 책은 출간되기 어려웠을 겁니다. 바쁜 일정 속에서도 사내코칭 문화를 확산하기 위한 역량을 연마하는 사내코치진, 자발적인 신청과 더불어 성장의 여정을 나눠주시는 현대모비스 임직원분들께 깊은 감사의 말씀을 드립니다. 여러분의 헌신과 열정이 밝은 미래를 만들어나가는 데 큰 힘이 될 것입니다.

현대모비스 인사운영실장

이지훈

INTRO

우리는 왜 코칭에
주목하는가

현대모비스 1만 2,000여 명의 구성원들은 모두 저마다의 강점과 개성을 가지고 있다. 서로 다르기에 각자 좋아하는 것도 다르고, 삶의 방향성도 다르고, 일하는 방식도 같을 수 없다. 그렇다면 우리는 어떻게 함께 일해야 할까? 예전에는 이렇게 모두가 달라도 회사가 정한 모든 것을 그대로 따르는 것이 가장 좋은 결과를 낼 수 있다고 믿었다. 하지만 이제는 개개인의 강점과 잠재 능력을 최대한 발휘할 때 가장 좋은 결과물을 만들어낼 수 있다는 걸 모두가 안다.

우리는 너무나 빠르게 변화하고 복잡하고 모호하게 얽혀 있는 환경에서 미래를 향해 가기 위해 무엇을 해야 할지 고민했다. 그리고 그 해답은 역시 '사람'이라는 결론에 이르렀다.

그래서 우리는 코칭에 주목했다. 스스로 해답을 구하고 이를 실행할 수 있다는 코칭의 기본 철학은 지금 우리가 직면한 현실을 헤쳐 나가는 데 분명한 이정표가 되어줄 수 있다는 믿음에서였다.

모비스 사내코칭의 첫 시작, 그리고 전임코치

우리는 리더가 먼저 코치가 되어야 한다고 생각했다. 누구나 자신의 생각과 의견을 부담 없이 풀어내기 위해서, 구성원이 가진 강점이 무엇인지 알고, 이를 활용하도록 돕기 위해서, 그리고 무엇보다 원활하고 긴밀한 소통을 통해 상호 신뢰 관계를 만들어내기 위해서 말이다. 이런 기반이 다져지고, 구성원들이 코칭을 좀 더 많이 접한다면 분명 모비스에 코칭 문화가 자리 잡을 수 있다고 생각했다.

서로 다르지만 코칭으로 함께 성장하기로 했습니다

2021년 임원급 리더를 대상으로 하는 코칭 기본 과정에 12명의 임원이 참여하여 5명의 리더가 KAC 자격을 취득하며 모비스 사내코칭이 태동하였다. 이후 그 대상이 2022년 실장급 이상 리더로 확대되었고, 2023년부터는 사내코치 양성 과정이 모비스만의 인하우스 과정으로 만들어지면서 팀장급 이상의 리더와 인사담당자로 그 대상이 확대되었으며, 본격적으로 사내코치 제도가 수립되어 2024년 현재 63명의 사내코치가 탄생했다.

그중 현대모비스만의 독창적이면서도 진일보한 행보는 바로 전임코치 직군의 신설이다. 국내 기업 중 코칭 프로그램을 기획, 운영하고 풀타임으로 코칭 업무를 전담하는 이런 직군을 가진 사례는 찾아보기 어렵다. 그만큼 코칭 문화가 모비스에 더 깊이 뿌리내리고 모두가 코칭의 혜택을 받길 바라는 의지를 담은 행보였다. 그렇게 3인의 전임코치가 선발되었고, 사내코치진과 함께 모비스 코칭 문화 확산을 위한 메신저로서 그 역할을 해가고 있다.

서로 다르지만 코칭으로 함께 성장하기로 했습니다

전임코치를 소개합니다!

8월 22일부로 사내에서 FT, 코칭 등의 역할을 주로 맡게될 전임코치를 소개합니다.
앞으로 진원벤처를 통해 나왔던 시도와 변화속에 고유한 코칭 문화 형성할 예정인데요.

코칭문화 확산을 위한 조직내 지속적인 Change agent로서 기존 개발된 코칭지원센터와 연계하여
상시코칭을 지원할 예정입니다. 많은 관심과 참여 부탁드려요.

자기 소개

2010년 모비스에 신입사원으로 입사해서 약 12년 동안 안전부문, 모듈 친환화 배터리 등 다양한 아이템의 PM업무를 수행해 왔습니다. 집에서는 6살 딸 아이에게 좋은 아빠이자, 사랑하는 아내에게는 좋은 남편이 되기 위해 매일 노력하고 있습니다.

1997년 1월 기아자동차로 입사하여 AS 부품 공급 및 재고관리 업무를 시작하였고 MPA에서의 해외근무 약 5년을 포함하여 25년간 서비스부품 업무를 해 왔습니다. 가정은 아내와 아들 그리고 딸 둘이 있어 가정에서의 힘듦보다 더 주고 있습니다.

2007년 입사하여 15년째 교육업무만 해왔습니다. 늘 7살과 같은 호기심으로 새로운 것을 배우고 경험하는 것을 즐기며, 행생 성장을 꿈꾸는 사람입니다.

신철규 책임

이민주 책임

정희원 책임

전임코치 지원 계기

저는 평소 사람들과 대화 나누기를 좋아합니다. 또 강점찾기를 해보면 '커뮤니케이션'이 제 강점으로 발견되기도 합니다. 대화를 통해 많은 사람들의 의견을 경청하고, 문제에 접근하고 그것을 해결할 때 많은 즐거움을 얻습니다. 또, 교육에 참여하는 동료들에게서 평소에는 보기 어려웠던 미소를 많이 발견 하기도 하고 평소 저 또한 교육을 받으며 즐거운 경험을 많아 왔습니다. 저는 많은 분들이 코칭이나 교육을 받는 시간이 저처럼 즐거웠으면 좋겠고 그 현장에 제가 있고 싶다는 바램으로 전임코치에 지원하게 되었습니다.

50세가 넘어가는 시점 즈음, 제 인생의 과거와 미래에 대해 생각해보게 되었습니다. 그동안 해오던 서비스 부품 업무도 저에게는 감사하고 소중하지만, 앞으로의 30년은 그동안의 처리 경험과 지식을 활용하여 다른 사람들에게 좀더 직접적으로 도움을 줄 수 있는 일을 하고 싶었습니다. 그래서 심리 상담 분야에 선택하여 공부해 오던 중 전임코치 모집 공고를 보게 되어 지원하게 되었습니다. 많은 좋은 인재들 가운데서도 저를 선발해서 기회를 주신 회사에 또 한번 감사드립니다.

코칭, 이 좋은 걸 어떻게 알려야 할까

모비스인들이 느끼는 코칭을 한마디로 정의하기는 어렵다. 그러나 분명한 것은 이미 코칭을 경험한 모비스 구성원들 모두가 한결같이 코칭의 효과에 대해 긍정하고, 주변에 추천할 만큼 좋은 경험이었다고 평가한다는 것이다. 그럼에도 모비스 구성원들의 코칭에 대한 이해는 아직 많이 부족하다. 우리는 '이 좋은 걸 모비스인 누구나 경험했으면 좋겠다.'라는 마음으로 어떻게 코칭을 알려야 할지 고민했다. 1만 2,000여 명 모비스인 중 20퍼센트

서로 다르지만 코칭으로 함께 성장하기로 했습니다

HYUNDAI
MOBIS

코칭지원센터
리뉴얼 OPEN!

모비스 임직원 분들께 코칭 기회를 드립니다

· 코칭 소개 ·

코칭이란 무엇인가요? 아래 영상을 클릭해주세요

코칭
Coaching

'코칭'은 무엇을 의미한 걸까요?
개인의 잠재력을 끌어내어 스스로 성장하는 **마일리지도록** 한다

코칭지원센터

1. **변경사항:** 직책자 대상에서 全 임직원 코칭 기회로 확대

2. **접속경로:** 모비스로-코칭지원센터

3. **어떤 분들께 추천 드립니다!**
   · 자신의 잠재력(강점)을 발견하고 성장하고 싶은 욕구가 있는 분
   · 사람과의 관계나 업무 측면에서 어려움을 겪는 분
   · 도전적인 목표를 달성하는 것이 요구되는 분
   · 자신의 삶을 업그레이드 하고 싶은 분

정도 코칭에 대한 좋은 경험을 가진다면 분명 우리 안에 서로를 존중하고, 스스로 답을 구하는 과정을 돕는 코칭 분화가 자리 잡을 수 있을 것이라 확신하기 때문이다. 우리는 모비스만의 코칭 플랫폼인 코칭지원센터를 리뉴얼하고, 이를 모비스인들에게 알리는데 주력했다.

INTRO

17

개인을 넘어 조직의 변화로

사내코치가 양성되고 사내코칭이 본격적으로 시작되면서 우리는 신임팀장 온보딩, 핵심인재 코칭 지원을 비롯한 일대일 코칭을 주도적으로 진행했다. 리더뿐 아니라 신입사원부터 커리어 개발에 대한 고민을 가진 모비스인들까지 우리는 일대일 코칭을 통해 다양한 현장의 목소리를 들을 수 있었고, 모비스인들이 코칭을 통해 자신만의 미래 목표를 찾고, 그를 위한 실행 계획을 스스로 세우며 한 걸음씩 나아가는 변화의 과정을 지켜볼 수 있었다. 코칭은 누구에게나 자신이 가진 최고의 가치를 찾고, 강점을 발현시키며 스스로가 원하는 미래를 그리게 해주는 강력한 힘이 되었다. 그리고 이제 그 영향력을 개인을 넘어 우리가 함께 성장하기 위한 동력으로 활용하기 시작했다.

코칭으로 하나되는 팀, 하나의 지향점을 향해

우리는 이제 개인 코칭을 넘어 팀코칭을 통해 스스로를 이해하고, 팀원들을 이해하며, 우리가 함께 걸어갈 길을 찾아내고 있다. 팀원 전체가 참여하는 팀빌딩 워크숍은 물론 디회기의 맞춤형 팀코칭까지 코칭의 범위를 확대해가며 코칭의 영향력을 더 많은 모비스인들이 체험할 수 있도록 시도하고 있다.

특히 2024년부터는 기존과 다른 방식의 팀빌딩 프로그램도 지원하기 시작했다. 더 미션, 팀 스케치, 금쪽상담소, 그라운드 룰 워크숍 등이다. 이 프로그램에 참여한 팀은 구성원이 서로를 더 잘 이해하고, 팀이 나아가고자 하는 하나의 목표를 스스로 수립하고, 실행 계획을 만들어 팀의 성장을 이끌어가고 있다.

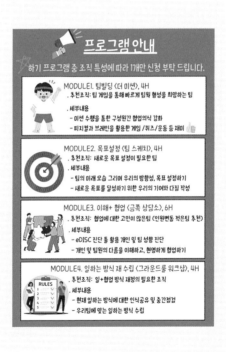

프로그램 안내

하기 프로그램 중 조직 특성에 따라 1가만 신청 부탁 드립니다.

MODULE1. 팀빌딩 〈더 미션〉, 4H
· 추천조직: 팀 게임을 통해 빠르게 팀웍 형성을 희망하는 팀
· 세부내용
 - 미션 수행을 통한 구성원간 협업의식 강화
 - 피지컬과 브레인을 활용한 게임 /퀴즈/운동 등 재미

MODULE2. 목표설정 〈팀 스케치〉, 4H
· 추천조직: 새로운 목표 설정이 필요한 팀
· 세부내용
 - 팀의 미래 모습 그리며 우리의 방향성, 목표 설정하기
 - 새로운 목표를 달성하기 위한 우리의 기여와 다짐 작성

MODULE3. 이해+ 협업 〈금쪽 상담소〉, 6H
· 추천조직: 협업에 대한 고민이 많은팀 (인원변동 적은팀 추천)
· 세부내용
 - eDISC 진단 툴 활용 개인 및 팀 성향 진단
 - 개인 및 팀원의 다름을 이해하고, 현명하게 협업하기

MODULE4. 일하는 방식 재 수립 〈그라운드룰 워크샵〉, 4H
· 추천조직: 일+협업 방식 재정의 필요한 조직
· 세부내용
 - 현재 일하는 방식에 대한 인식공유 및 중간점검
 - 우리팀에 맞는 일하는 방식 수립

서로 다르지만 코칭으로 함께 성장하기로 했습니다

사내코치는 연결자이자 동행이다

전임코치를 비롯한 사내코치진은 이 모든 과정에서 모비스인 들에게 더 좋은 코칭을 제공하기 위해 오늘도 스스로를 연마하고 있다. 스스로 코칭 역량을 훈련하고, 발전시킴으로써 더 좋은 코칭 경험을 제공하는 것이 우리의 소명이라고 생각한다. 사내코 치진은 정기적으로 사내코치협의회를 열어 모비스 코칭 문화 정 착을 위한 아이디어와 이슈를 공유하고, 의견을 나누면서 서로를 독려하고 있다. 또한 해마다 열리는 코칭컨페스티벌에 참여하여 새로운 코칭 트렌드를 놓치지 않고 학습하기 위해 노력하고 있 다. 우리의 노력이 모비스 코칭 문화 확산에 귀중한 자양분이 될 것이라는 믿음으로 말이다.

경영진의 강력한 스폰서십, 사내코치진의 끝없는 역량 강화, 그리고 모비스인들의 적극적 참여가 이루어지고 있기에 현대모 비스는 코칭을 통해 오늘보다 더 빛나는 내일을 만들 수 있을 것 이라 확신한다. 그렇기에 코칭 문화 확산을 위한 우리의 도전은 끝나지 않을 것이다.

서로 다르지만 코칭으로 함께 성장하기로 했습니다

PROLOGUE

무한한 가능성으로 함께
성장하기 위하여

현대모비스의 사내코칭은 이제 4년 차에 들어섰습니다. 그 시간 동안 전임코치진을 비롯한 현대모비스 사내코치진은 현장에서 다양한 고민과 니즈를 가진 모비스 구성원들을 만났습니다. 때론 일대일 미팅으로, 때론 팀빌딩 워크숍 등으로 모비스인들과 함께한 모든 순간에서 또렷한 개성과 강점을 가진 구성원들이 각자 맡은 바 역할에 최선을 다하고, 또 하나의 팀이 되어 함께 성장하고, 미래를 혁신하고자 하는 의지를 가지고 있음을 확인할 수 있었습니다.

우리는 너무나 빠른 변화의 순간을 살아내고 있습니다. 서로 다르기에 각자가 가진 가치관을 이해하고, 함께 일하는 방식을 알아가는 것 역시 쉬운 일이 아니라는 것도 알고 있습니다. 우리는 정말 너무 다르니까요. 하지만 그럼에도 함께 성장해야 미래를 만들어갈 수 있다는 사실을 구성원들 모두가 공감하고 있다는 확신도 가지게 되었습니다. 이는 사내코치로서 우리가 무엇을 해야 하는지에 대한 과제를 던져주었고, 동기부여가 되었습니다.

모비스의 사내코치진은 모비스 구성원들이 더 멋진 미래를 스스로 만들어가는 데 함께 걸어가는 페이스메이커이자 지원군이 되고 싶습니다. 회사 생활을 하다 보면 업무적으로 문제에 부닥치기도 하고, 혹은 삐걱거리는 인간관계로 인해 스트레스를 받기도 합니다. 가끔은 내가 진짜로 원하는 것이 무엇인지, 어떤 모습으로 살고 싶은지, 이루고 싶은 성과는 무엇인지 명확하지 않아 답답할 때도 있을 겁니다. 그럴 때 코칭은 모든 문제에 대한 해답은 당신에게 있다는 믿음으로 스스로 출구를 찾아내고, 스스로 그걸 이뤄내는 과정을 안내해줍니다.

물론 코치는 질문할 뿐 어떤 답도 전하지 않습니다. 왜냐하면 당신은 이미 모든 걸 해낼 힘을 가지고 있으니까요. 이는 코칭의 기본 철학이자 사내코치진이 구성원들과 만날 때 결코 잃지 않는 태도이기도 합니다. 그런데 이런 코칭을 사내코치진만 하는 것보다는 구성원 한 사람 한 사람이 코칭적 질문을 통해 자신의 길을 개척하게 된다면 어떨까 하는 생각을 해봅니다. 그렇게 된다면 우리는 함께 성장하고, 이를 통해 현대모비스도 성장할 수 있을 테니까요.

《서로 다르지만 코칭으로 함께 성장하기로 했습니다》는 지난 4년간 사내코칭 문화 확산을 위해 걸어온 모든 과정을 담은 책입니다. 왜 우리가 사내코칭에 주목하는지, 그 시작은 무엇이었는지를 먼저 소개했습니다. 이를 통해 결국 모든 길은 '사람 중심'이라는 철학으로 연결된다는 것을 이해하실 수 있을 겁니다.

코칭 역시 결국 사람에 대한 이해니까요. 코칭을 통해 얻을 수 있는 가장 큰 혜택도 바로 이것입니다. 바로 자기 자신에 대한 이해입니다. 그건 다른 말로 하면 나의 잠재 능력의 발견입니다. 내가 어떤 사람인지, 어떤 강점이 있는지, 무엇을 더 잘하고, 재미있게 할 수 있는지 알아가는 과정이니까요. 아는 것에 그치지 않고, 내가 원하는 바를 이루기 위해 무엇을 할 것인지, 지금

당장 해야 할 일이 무엇인지 스스로 찾아낼 수 있게 만들어줍니다. 그래서 당신에게 코칭을 다시금 권합니다. 한번 경험해보면 그 무한한 매력에 빠지게 될 겁니다.

한편 우리에겐 그 어떤 회사보다 코칭 문화 정착에 진심인 리더와 경영진의 스폰서십이 있습니다. 모비스에만 있는 다양한 코칭 관련 지원 제도들을 경험해보시길 바라는 마음으로 지금까지의 시행착오와 성과들도 고스란히 소개했습니다. 제도가 만들어지고 시행되기까지 무수한 도전이 있었습니다. 여러 피드백을 수용하면서 시스템을 만든 것도 더 많은 모비스인들이 코칭을 경험하길 바라는 마음에서였습니다.

마지막으로 우리가 실제로 만난 모비스인들의 코칭 사례를 가감 없이 담았습니다. 각각의 사례를 읽다 보면 '이건 내 상황과 너무 비슷한데…'라고 느끼는 주제들이 상당히 많을 겁니다. 각자가 처한 상황과 환경은 달라도 비슷한 고민을 하는 이들을 많이 만났기에 많은 분들이 고민했던 주제별로 사례를 모았습니다. 물론 고민하는 내용이 비슷하다고 하여 그 해결 방식까지 비슷하진 않았습니다. 그건 모두 각자가 원하는 바를 명확히 하고, 자신이 가진 강점을 활용하여 자기만의 방식으로 풀어간 각자의

서로 다르지만 코칭으로 함께 성장하기로 했습니다

해답이었기 때문입니다.

그럼에도 이 책에서 소개하는 사례는 스스로에게 질문을 던져보고, 스스로 답을 구하고, 미래를 상상하고, 목표와 실행 계획을 세우고, 스스로 피드백하는 일련의 과정을 익힐 수 있도록 도와줄 것입니다. 어떤 고민 앞에 섰을 때 코칭 프로세스를 스스로 활용해볼 수 있도록 말입니다.

기획부터 이 책을 발간하기까지 긴 시간과 노력이 들었습니다. 그 과정에서 우리는 현대모비스가 코칭 문화 확산을 위해 걸어온 길을 다시 한 번 되짚어 볼 수 있었고, 코칭이 얼마나 좋은지, 왜 필요한지 되새길 수 있었습니다. 그리고 더 많은 모비스 구성원들에게 이 물결이 닿으면 좋겠다는 바람을 가지게 되었습니다. 코칭을 통해 우리가 함께 성장한다면 각자 원하는 방식대로 일과 인생을 더 멋지게 살아갈 수 있다고 믿기 때문입니다.

당신의 성장을 응원하며 이 책을 전합니다.

차 례

Chapter 1
우리는 당신의 잠재력에
주목합니다

Chapter 2
함께 성장하는 조직 문화는 어떻게 만들어지는가

Chapter 3
모든 리더는 코치가 되어야 합니다

Chapter 4
코칭은 성장의 필수 조건입니다

Chapter 1

우리는 당신의 잠재력에
주목합니다

당신은 이미 모든 것을
가지고 있다

대부분의 우리는 일상에서 어제보다 나은 오늘, 그리고 오늘보다 더 나은 내일을 살고 싶어 한다. 그렇기에 끊임없이 자신의 인생을 돌아보고, 삶의 목표를 다시금 점검해보면서 인생을 꾸려간다. 평범한 우리에게 일상의 모든 순간은 의미가 있고, 스스로의 인생을 더 나은 방향으로 이끌어가고자 하는 의지는 무엇보다 소중하다. 내가 더 발전하기 위해서 무엇이 필요한지 스스로 연구하고, 관심을 기울이고, 변화와 성장을 꿈꾼다. 더불어 이전과 달리 생애주기가 길어지고, 인생 후반전까지 끊임없이 인생의 새로운 장면을 스스로 써 나가야 하는 과제가 주어진 우리에겐 지금 이 순간 자신에게 집중하면서 성장을 위한 노력을 기울이는 것이 필수가 되었다. 자신의 인생을 좀 더 멋지게 살아가기 위해 내적 성장의 추구가 더욱 중요해진 것이다.

이런 변화는 사실 우리 모두의 일상은 물론 일하는 환경에도 많은 영향을 미치며 변화를 불러왔다. 기업이 구성원 개인의 개성이나 특장점, 현재 보여지는 성과를 넘어서 개인이 가진 특별한 잠재력에 주목하게 된 것이다. 누구나 지금 보여지는 실력이 전부가 될 수 없다는 건 우리 모두 이미 알고 있다. 어떤 환경, 어떤 리더, 어떤 문화에서 일하는가 하는 것은 각자가 새로운 가능성과 기회를 만드는 데 있어서 중요한 요인이다.

이런 사회적 변화와 자각은 기업 생태계에도 많은 변화를 불러왔고, 그중 하나로 기업 내 코칭 문화에 대한 관심이 높아진 것을 들 수 있다. 사실 코칭 문화가 전 세계적으로 뿌리를 내리고 확산된 것은 하루아침에 이루어진 일은 아니다. 거의 20여 년간 서서히 자리 잡으며 발전해온 문화인데 개인의 다양성과 관계의 중요성에 더 많은 관심이 모아지면서 코칭에 대한 관심 역시 더 커지고 있는 것이다.

서로 다르지만 코칭으로 함께 성장하기로 했습니다

무엇이든 해낼 수 있다는 믿음

하지만 코칭이 무엇인지에 대해서 여전히 아는 사람보다는 잘 모르는 사람이 더 많고, 그 효용성에 대해서도 제대로 아는 이들이 그리 많지 않다. 그런데 한편으로는 코칭을 잘 알고 있기도 하다. 바로 스포츠 경기에서 코칭의 효과를 눈으로 확인해왔기 때문이다. 스포츠에서는 이미 오래전부터 코칭이 자리 잡아왔다. 물론 스포츠에서의 코칭은 직접적인 티칭이 가미되기는 하지만 선수의 역량이 십분 발휘되도록 돕는다는 점에서 우리가 말하고자 하는 코칭과 일맥상통한다.

코칭적인 관점에서 볼 때 스포츠에서 그 효과를 가장 단적으로 보여준 사례로 2002년 월드컵 4강 신화를 일궈낸 거스 히딩크 감독의 코칭을 들 수 있다. 그는 아무도 알아봐주지 않았던 선수의 강점을 찾아봐주고, 선수들이 자신의 최선을 발휘할 수 있도록 북돋았다. 기존에 뛰어난 실력을 보여준 선수들뿐 아니라 제대로 주목받지 못했던 선수들이 가진 잠재력에 집중했다. 그가 한 일은 선수가 가진 고유한 잠재력을 스스로 인지할 수 있도록 도운 것이었다. 히딩크 감독은 2002년 월드컵 폴란드전 전날 밤 선수들 한 명 한 명을 찾아가 개인적으로 이 말을 전했다고 한다.

"너는 세계 최정상 팀 선수보다 떨어지지 않으니 할 수 있다."

단순히 자신감을 심어준 말처럼 보일 수도 있지만 이미 그 선수가 가진 능력만으로도 충분하다는 것, 그러니 각자가 자신이 가진 잠재력을 최대치로 끌어내면 된다는 메시지를 전한 최고의 코칭이었다. 그 덕분에 이전까지는 제대로 주목받지 못했던 박지성 선수 등 수많은 선수들이 최고의 역량을 뽐낼 수 있었고, 그 성과는 우리가 아는 그대로 나타났다.

스포츠를 넘어 누가 대신해줄 수 없는 인생에서 자신만의 목표를 세우고, 그곳으로 향하는 여정을 스스로 찾도록, 그리고 각자의 잠재력을 발현하도록 돕는 일. 그것이 바로 코칭이다.

서로 다르지만 코칭으로 함께 성장하기로 했습니다

가장 유연하고 창조적인 방식의
자기 성장

코칭은 우리의 일과 일상 모든 순간에 필요하다. 오늘보다 좀 더 재밌게 일하고, 좀 더 즐겁게, 좀 더 가치 있게 살아가기 위해서 말이다. 그러니 우리는 코칭이 무엇인지부터 이야기해보자. 사실 코칭을 단 하나의 문장으로 정의하긴 어렵다. 모두 저마다의 가치나 필요에 따라서 코칭을 정의할 테니 말이다.

현대모비스 사내코칭 문화 확산에 앞장서고 있는 사내코치진은 코칭을 이렇게 정의했다. 누군가는 헬스클럽의 헬스 트레이너라고 답했고, 누군가는 고객이 성취하고자 하는 개인의 목표에 초점을 맞추고, 고객에게 헌신하는 마음이 바탕이 되는 서비스라고 답했다. 어떤 이는 코칭은 열쇠라고 대답했다. 내 안에 숨어 있는 보물 상자를 열쇠로 열어 무한한 잠재력을 꺼내 이끌어주기 때문이라고. 모두 다른 답처럼 보이지만 하나의 공통점이 있다. 바로 당신 자신에게 초점이 맞춰진다는 것, 그리고 당신의 가능성과 잠재력에 주목한다는 점이다.

한국코치협회에서는 "코칭은 개인과 조직의 잠재력을 극대화하여 최상의 가치를 실현할 수 있도록 돕는 수평적 파트너십이다. 확실한 상황에서 고객 스스로가 내면의 욕구와 가치를 발견하여 목표를 설정하고 실행할 수 있도록 돕는다."라고 정의한다. 코치와 코칭을 받는 이가 상호 동등한 입장에서 이야기를 나누며, 코칭 받는 이가 스스로 자신이 추구하고자 하는 방향을 찾아 그 길로 걸어갈 수 있도록 돕는 과정이라는 뜻이다. 이 과정은 단기적인 조언으로는 불가능하기에 지속적인 협력 관계가 바탕이 되어야 하는 일이다.

코칭이란 이렇게 개개인에게 필요한 방식으로 적용할 수 있는 가장 유연한 자기 성장의 방법이기도 하다.

정해진 길은 없다. 제 갈 길로 가라

우리는 일상생활을 하면서 흔히 "코칭 좀 해주세요."라는 말을 사용하곤 한다. 무언가 궁금한 것이 있거나 더 잘 해내고 싶을 때 경험이 더 많은 이들에게 이런 요청을 한다. 경험이나 경력이 많은 이들에게 조언을 구하고, 전문적인 지식을 제공받는 일을 우리는 쉽게 '코칭을 받는다.'는 개념으로 이해한다.

코칭을 받는다는 말 이외에도 멘토링이나 트레이닝을 받는 일, 전문가의 컨설팅도 같은 뜻으로 이해하는 경우가 많다. 어쨌든 리더, 선배 등 나와 다른 관점을 가진 사람에게 새로운 정보나 지식을 구하는 일 정도로 말이다. 하지만 코칭이라는 개념은 이런 여러 방식과 기본적인 가치관이 다르다.

가장 중요한 차이는 바로 '나'라는 존재가 무언가를 스스로 선택할 수 있는가 하는 점이다. 여기에서 이들 방법론의 어원을 한번 살펴보자.

코칭의 어원은 코치coach이다. 코치는 말이 끄는 사륜마차를 의미하는 단어인데, 말이 이끄는 마차는 어디든지 갈 수 있다. 정해진 선로를 따라가지 않아도 상황에 따라서 경로를 바꾸며 목적지로 향해 간다. 원하는 곳이라면 어디든 갈 수 있지 않은 가. 이에 비해 트레이닝training의 어원은 기차train이다. 기차는 반드시 정해진 선로를 따라가야 한다. 그렇지 않으면 선로 이탈이라는 대형 사고가 발생한다. 코칭과 트레이닝의 차이는 바로 이 정해진 길이 있는가 없는가 하는 점이다.

정해진 단 하나의 선로를 따르지 않는 것, 설사 가려는 목적지가 같다고 해도 거쳐 가는 길은 서로 다를 수 있음을 알고, 각자에게 가장 잘 맞는 길을 개척하고, 그 길을 따를 수 있도록 도와주는 것이 바로 코칭이다.

코칭의 이 같은 특성을 염두에 둔다면 다른 방법론들과 다르다는 것은 쉽게 알 수 있다. 티칭은 말 그대로 스승이 제자에게 지식과 지혜를 전해주듯 더 많은 지식을 가진 사람이 가르쳐주는 것, 멘토링은 멘토가 가진 자질과 노하우를 따라 하면서 멘토의 경험과 지혜를 사사받는 형식이다. 그렇기에 두 가지의 방법은 서로 비슷하고, 더 많은 지식과 경험을 가진 이에게서 학습을 받는 수직적인 관계를 기본으로 한다. 하지만 코칭은 정해진 답이나 해결책이 없기에 지식이나 경험에 기대지 않고, 코치와 코칭을 받는 이들 사이의 관계는 수평적이다.

서로 다르지만 코칭으로 함께 성장하기로 했습니다

이 차이는 우리가 저 나름의 해결책을 가지고 있고, 스스로 길을 만들고 찾아갈 수 있다는 기본적인 믿음 위에 존재한다. 우리가 인생을 살아가면서 자신이 가진 모든 능력을 얼마나 발휘할 수 있을까? 사실 따져보면 최선을 다했다는 일에서도 우리의 잠재력이 모두 발휘되지 못할 때가 많다. 고칭은 사신이 미처 인식하지 못한 능력과 재능을 발견해서 이를 펼칠 수 있게 해준다.

코칭을 통해 한계를 뛰어넘어 새로운 가능성을 찾는 일은 너무나도 멋진 여정이다. 자신이 미처 인식하지 못했던 능력과 재능을 발견하고 이를 활용할 수 있게 해준다.

우리는 행복하게
일하기로 했습니다

코칭에 대한 관심은 개인을 넘어 기업으로 확대되고 있다. 사회적인 변화가 계속되면서 평생 직장이라는 개념이 사라지고, 조직 내에서 개인의 개성이 제대로 발현될 때, 무엇보다 일하는 이들이 더 행복하고, 자기 인생의 목적과 일이 서로 일맥상통할 때 장기적이면서도 지속 가능한 능력 향상이 일어날 수 있다는 경험적 지표들이 존재하기 때문이다.

하지만 여전히 일터에서의 행복 추구는 쉽지 않은 일인 게 분명하다. 구성원들의 행복도는 당연히 업무에 영향을 미친다. 아

서로 다르지만 코칭으로 함께 성장하기로 했습니다

무리 업무 시스템이 잘 갖춰져 있다고 해도 결국 차이를 만드는 건 사람의 일이고, 그 차이가 일의 성과까지 좌우하는 요소가 된다. 사실 우리는 일하면서 느끼는 즐거움이 자발적인 열정을 불러오고, 그것이 더 나은 성과를 가져다준다는 사실을 이미 알고 있다. 실제로 구성원들의 행복감과 만족도가 업무 성과에 영향을 미친다는 것은 다수의 연구를 통해 입증되었다.

노력과 열정은 가치 있는 일에 쏟고 싶다

그렇다면 구성원들의 행복은 어디에서 비롯되는 것일까? 직무 만족에 영향을 미치는 요인은 업무 자율성, 업무 의미감, 업무 중요도 같은 것이다. 특히 업무 의미감은 직장 내 행복도에 가장 큰 영향을 미치는 변수이다. 사람들은 '해야 하는 일'이 아니라 '가치 있는 일'을 할 때 만족감을 느낀다고 말한다. 그런데 가치 있는 일이란 모두에게 똑같을 순 없다. 누군가는 최고의 매출을 내는 것이 가치가 될 수 있고, 누군가에게는 이전에 없던 새로운 방식으로 일을 해내는 것이 가치가 있는 일일 수 있으며, 누군가에게는 구성원 모두가 한마음 한뜻으로 프로젝트를 성사시키는 것이 가장 의미 있는 일일 수 있다. 여기에서 핵심은 자신이 추구하는 가치가 업무에서 현실화될 때 행복도가 높아진다는 사실 뿐이다. 회사에서 수행하는 업무가 자신에게 의미 있는 일이라고 생각할 때, 또한 이를 통해 스스로 성장했다고 느낄 때 스트레스가 줄고 만족감이 높아진다.

결국 행복한 일터란 구성원 개개인의 다양성이 존중되고, 그들이 자신의 역량을 가치 있는 일에 쏟아부을 수 있는 조직 문화 위에서 완성될 수 있다는 의미이다. 그렇기에 기업은 구성원 각자의 맞춤 성장에 더욱 관심을 가져야 한다. 사내코칭의 중요성 역시 바로 이런 이유 때문에 더 주목받고 있다. '당신 안에 모든 해답이 있다.'는 코칭의 기본 철학은 각자의 개성과 역량을 스스로 더욱 빛나게 발현시킬 수 있도록 돕기 때문이다. 리더들은 개인과 조직의 목적 간 얼라인은 물론이고, 피드백 방식, 동기부여 요인 등에 대해 고민하고 있다. 그리고 세대나 직급 간의 단절을 극복하기 위해서 효과적인 커뮤니케이션 방식에도 관심을 기울이면서 코칭적 대화에 주목하고 있다.

과거의 비즈니스 환경에서는 경력이 쌓인 리더들의 노하우가

서로 다르지만 코칭으로 함께 성장하기로 했습니다

사업의 방향과 답을 제시해주는 나침반이었다. 그들이 현명한 전략을 세우고 구성원들이 실행력을 높이면 좋은 성과를 낼 수 있었다. 덕분에 아주 오랫동안 기업의 구조는 언제나 피라미드형 체제였고, 소수의 리더들이 전체를 이끌어갈 수 있었다. 정보 역시 리더가 독점적으로 가지고 있었다. 하지만 이제는 누구나 쉽게 정보를 얻을 수 있고, 각자가 이 정보를 얼마나 독창적으로 활용할 수 있느냐가 성과에 영향을 미친다. 한 사람의 노하우나 지혜로는 부족하고, 여러 시각과 방법으로 접근해야 더 좋은 해답을 얻을 수 있다.

구성원 각자의 창조적인 아이디어와 실행력이 한데 모아졌을 때 비로소 더 높은 성과를 창출할 수 있다는 뜻이다. 그렇기에 수직적인 관계보다는 파트너십처럼 상호 수평적인 소통을 하면서 좋은 아이디어와 지식을 함께 공유하고 발전시키는 것이 필수적인 일이 되었다. 바로 이 수평적인 파트너십으로 열린 대화를 하는 것이 코칭적 대화의 핵심이다.

그렇기에 더 나은 커뮤니케이션이 가능한 조직을 만들고자 하는 많은 기업들이 코칭에 더욱 관심을 가지게 된 것이기도 하다. 코칭의 철학인 개인의 잠재력에 초점을 맞추면 경험이 많은 유능한 상사가 보기에 아직 미숙한 부하 직원이라도 그의 잠재력을 인정하고, 기다려줄 수 있다. 부족한 점을 지적하고, 탓하는 것이 아니라 그가 무엇을 잘할 수 있는지 살피고, 부하 직원이 자신의 강점에 집중할 수 있도록 도울 수 있다.

개인의 잠재력을 끌어내면 그 조직의 힘은 막강해진다. 10만 큼의 능력치를 가진 사람 100명이 모이면 1,000의 능력치가 되는 것이 아니라 1만 배 10만 배의 시너지가 날 수 있다.

서로 다르지만 코칭으로 함께 성장하기로 했습니다

새로운 미래를
함께 만들기 위하여

우리는 이전과는 분명 다른 시대를 살고 있다. 모든 것을 인간이 직접 해야 했던 이전과 달리 많은 것들을 기술에 의존하고 있다. 아침에 일어나면 AI가 작동하는 스마트 홈시스템이 하루를 연다. AI 홈시스템으로 생활 환경을 자동 조절하고, 인공지능 스피커가 하루의 일정을 브리핑하며, 오늘의 뉴스를 읊어준다. 출근길에는 좋아하는 음악을 알아서 추천하고, 플레이해준다. 비단 이런 소소한 일상생활만이 아니라 건강 관리, 자산 관리까지 삶의 많은 부분에서 인공지능의 도움을 받고 있다.

그리고 이런 기술의 발전은 일상생활을 넘어 업무 방식, 미래의 직업군까지 바꾸고 있다. 기업에서도 이런 진보한 기술을 적극 도입하고 있다. 생산 현장의 전장화는 물론이고, 각종 데이터 분석 관리 시스템이나 조직 관리에도 인공지능은 많은 역할을 하고 있다. 하지만 그렇기에 인간이 가진 고유한 창의성의 개발이 더 중요해지고 있다. 기술은 상향 평준화되고 있지만 그 모든 것을 가능하게 하는 기반은 바로 사람에게서 나오기 때문이다. 인간이 가진 창의적 문제 해결 능력, 커뮤니케이션 능력, 감성과 경험이 중요시되는 일, 긴밀한 상호 협업과 돌발 상황에 대한 대처 능력이 필요한 일 등은 기술이 대신할 수 없다. 아주 사소한 발상의 차이나 새로운 시각이 큰 차이를 만든다.

그렇기에 저마다의 개성과 가능성을 더 많이 펼쳐 보일 수 있는 기회와 무대가 주어져야 하고, 이를 만들어내는 리너의 역할은 더 중요해지고 있다. 수많은 기업이 이에 발맞춰 구성원들의 역량과 잠재력을 끌어낼 수 있도록 하는 리더의 역량을 높이는 데에 많은 투자를 하고 있다.

현대모비스 역시 처음 리더가 되는 순간부터 선배 팀장과의 멘토링, 일대일 사내코칭, 팀장 리더십 교육 등 다양한 역량 강

서로 다르지만 코칭으로 함께 성장하기로 했습니다

화 프로그램을 제공해 리더십을 강화하고 구성원들과 더 원활하게 소통할 수 있도록 돕고 있다.

파트너처럼 동행하는 리더

최근 더 많이 관심을 받고 있는 리더십은 바로 코칭 리더십이다. 코칭 리더십이란 개인의 성장을 창조적으로 마인드셋하는 리더십이다. 앞서 소개한 히딩크 감독의 코칭처럼 인간이 가진 근원적인 가능성에 집중하고, 누구나 스스로 해결책을 찾아갈 수 있다는 믿음으로 함께 걸어가는 리더가 바로 코치형 리더이다. 앞서서 걸어가며 따라올 수 있도록 독려하고 손 내밀어주는 것도 좋은 리더의 덕목이 될 수 있다. 하지만 한 사람의 경험으로 만들어진 원칙이나 능력에 따라 모든 것이 좌지우지되는 것이 아니라 모두가 역량을 발휘할 수 있도록 파트너가 되어준다면 더 많은 가능성이 열릴 수 있다.

만약 당신이 상사라면 어떤 문제 앞에 서 있는 팀원에게 어떻게 대처하는 것이 더 나은 결과를 가져다줄까?

"김 대리, 이건 말이야, 이렇게 하면 돼."라고 말해주는 상사가 처음엔 더 좋을지도 모른다. 단숨에 일을 해결할 수 있을 테니까. 반면 "김 대리는 어떻게 하는 게 좋을 거 같은가?"라고 묻고, 대답을 경청해준다면 어떨까? 부하 직원의 대답을 그냥 듣고 마는 게 아니라 거기에서 다시 화두를 발견하고 문제를 해결해 갈 수 있도록 질문해준다면 어떨까?

무엇보다 사람의 일에는 언제나 변수가 있다. 비슷한 일이라도 경우에 따라서, 상황과 조건에 따라서 똑같은 방법이 통하지 않을 때도 있다. 그렇기에 문제를 마주했을 때 해결책을 제시해주기보다 스스로 새로운 길을 찾아갈 수 있도록 안내하고, 의견을 물어주고, 그들의 의견에 귀 기울이며 새로운 화두를 던져주는 리더의 역할이 그 어느 때보다 더 중요해졌다.

적절한 질문을 던지는 리더

이제 리더에게 필요한 덕목은 자신의 자산을 전수하는 것을 넘어 구성원들이 다양한 능력과 아이디어를 펼칠 수 있도록 도와주는 조력자의 태도이며, 팀원들의 성장을 목표로 삼는 것이다. 이 때문에 코칭 리더십이 더욱 필요한 것이다. 코칭 리더십에서 중요한 것은 해답을 주는 게 아니라 질문해주는 것이다. 그러니 리더는 좋은 질문을 던질 수 있어야 하고, 잘 들어주어야 한다.

예를 들어 우리가 상품을 기획하고 품질 향상에 관해 논의하고 있다면 "이런 방식으로 하는 게 좋을 것 같다."라고 이야기하는 게 아니라 "박 매니저, 이번에 변경된 아이템들이 새로 출시되는 차량에 어떤 영향을 미칠까?"라고 적절한 질문을 던져 그 가치를 스스로 찾고 한 걸음씩 핵심을 향해 갈 수 있도록 돕는 것이다. 이를 통해 구성원들 스스로 다양한 상황에 맞춰 문제를 해결해나갈 수 있다. 그리고 이런 성공의 경험은 개개인에게 성장의 동력이 된다.

한편 코칭 리더십에서 중요한 다른 하나는 자신이 하고 있는 일이 얼마나 중요한 일인지 인지하도록 해주는 것이다. 위의 질문은 사실 자신이 하는 일이 회사 전체의 목표, 팀의 목표를 이루는 데 어떤 의미가 있는지 체감하도록 해주는 질문이기도 하다. 이렇게 함으로써 리더와 구성원들 사이의 유대감을 쌓아야 한다.

우리 회사는 나의 성장에
관심을 기울이는가

현대모비스는 구성원들이 행복하게 일하는 문화를 만들고자 부
단한 노력을 기울여왔다. 행복한 경험이 쌓일수록 직원들의 도
전과 협력은 더욱 강화되고 성과도 좋아지게 마련이다. 하지만
업무 현장에서 행복한 경험을 쌓아가는 것은 쉬운 일은 아니다.
수많은 프로젝트를 수행하는 직원들은 저마다 다른 성향과 개
성을 가지고 있고, 그들의 뜻과 마음을 하나로 모아야 성과를
얻을 수 있는데, 그 모든 것들을 고려하면서 일하기는 쉽지 않기
때문이다.

서로 다르지만 코칭으로 함께 성장하기로 했습니다

하지만 아무리 어려운 일이라도 기업의 미래를 위해선 반드시 구성원들의 니즈를 고려해야 한다. 그렇기에 직원들이 행복한 경험을 많이 갖도록 만드는 일은 향후 많은 기업들에게 가장 중요한 과제일 것이다.

직원의 행복도가 얼마나 중요한지를 보여주는 예로 직장인들을 대상으로 한 설문조사 결과를 살펴보면 직장인들이 퇴사 요인은 연봉보다는 근무 환경, 직장 내 인간관계 같은 감정적인 요인이 더 큰 것으로 나타났다. 직장에서 직원들이 느끼는 만족감은 단순히 경제적인 요인에 의한 것이 아니라는 것, 그리고 업무에 감정적인 부분이 많이 영향을 미칠 수 있음을 보여주는 결과이다.

그렇기에 기업들은 저마다 좋은 '직원 경험'을 만들기 위한 여러 시도를 하고 있다. 직원 경험이란 직원들이 회사 내에서 긍정적이고 특별한 경험을 갖는 것을 최우선으로 여기는 개념이다. 회사와 직원들은 서로 상호 작용하면서 유기적인 관계를 맺고 있다. 채용 시점부터 퇴직까지 직원들의 생애주기에 따라서 회사가 업무나 조직 문화, 복지제도 등을 통해 긍정적인 직원 경험을 제공한다면 직원들의 만족도가 높아지고 자신들의 역량을 더 잘 발휘할 수 있게 된다.

멋진 직원 경험이 미래를 약속한다

직원들이 긍정적인 경험을 갖는다는 건 어떤 의미일까? 모든 직원들은 회사에 처음 면접을 보러 온 순간부터 회사에 대한 인상을 가지게 되고, 단계별 경험을 쌓는다. 면접을 볼 때 면접관의 태도는 어떠했는가? 신입사원 연수를 받으면서 무엇을 느꼈는가? 회사가 나의 성장에 관심을 기울이고, 적극적으로 지원해줄 것이라고 느꼈는가? 승진을 했을 땐 진심으로 축하해주고, 직무에 관련된 교육을 제공했는가? 이런 것을 통해 직원 경험이 만들어진다.

이런 직원 경험은 생각보다 더 강력한 힘을 가진다. 구성원들은 직원 경험을 통해 회사와 자신의 목적이 상호 부합하는지를 가늠하고, 이 회사가 나의 미래에 긍정적인 영향을 줄 것인지를 판단하기도 한다. 회사에 대한 신뢰와 미래에 대한 확신이 서지 않는다면 구성원들이 단단하게 뿌리내리고 성장하기 힘들다.

실제 연구 결과를 살펴봐도 긍정적인 직원 경험을 하는 직원은 직장 만족도가 높으며 직원 참여도도 높다. 〈하버드 비즈니스 리뷰〉 연구에 따르면 직원 참여도가 높은 기업은 그렇지 않은 기

서로 다르지만 코칭으로 함께 성장하기로 했습니다

업에 비해 수익성과 생산성이 125퍼센트 이상 더 높다고 한다.

직원 경험이라는 용어는 실리콘밸리에서 처음 사용되었다. 첨단 기술 산업의 메카인 실리콘밸리에서 기업들은 항상 신기술 역량을 가진 인재를 유치하기 위해 치열한 인재 전쟁을 하고 있다. 그래서 기업들은 우수 인재들이 일하고 싶어 하는 일터로서 어떤 뚜렷한 비교 우위를 선점할 수 있을까 하는 관점으로 직원 경험에 관심을 기울이게 되었다.

단순히 임금이나 승진 같은 눈에 보이는 보상 너머 직원이 원하는 일터가 어떤 곳인지 고민을 시작한 것이다. 직원 개개인이 느끼는 인간의 근본적인 감정과 경험까지 고려한 조직 환경을 만들기 위한 새로운 접근이 필요했다. 직원 경험이 좋으면 좋은 인재를 유치할 수 있고, 또 그들이 최상의 컨디션으로 몰입해서 성과를 창출하며 장기근속할 수 있다는 결과를 도출했기 때문이었다.

핵심인재들이 멋진 직원 경험을 갖도록 만드는 방안을 찾기 위한 노력은 바로 여기에서부터 시작되었고, 이는 실리콘밸리를 넘어 수많은 기업에서 지속되고 있다. 진지하게 구성원들의 니즈를 파악하고, 성장을 돕기 위한 다면화된 노력 역시 지속되고 있다.

최고의 몰입을 경험하는 결정적 순간

현대모비스는 구성원이 자기 업무에 몰입하고, 회사 내 생활과 인생에서 더 멋진 경험을 할 수 있도록 돕기 위해 다양한 지원을 계속해나가고 있다. 다양한 채널을 통해 구성원들이 진정으로 원하는 것이 무엇인지 귀를 기울이고, 구성원들의 다양성을 인정하면서 그에 발맞춘 지원을 하고 있는데 사내코칭 또한 좋은 직원경험을 제공하고자 하는 노력의 하나이다. 사내코칭이야말로 조직과 구성원이 함께 성장하는 가장 좋은 방법이기 때문이다. 직무 만족도를 높이고, 객관적이면서도 긍정적인 피드백을 통해 지지와 격려를 보여주며, 미래 리더상을 개발하는 데 코칭은 다각도로 좋은 경험을 선사할 수 있다.

직원들이 몰입을 경험하면 그것은 인생에서 최고의 경험이 되고, 스스로 성장하고 앞으로 나아갈 수 있는 동력이 되어주기 마련이다. 그런데 몰입이란 무엇일까? 그건 당신의 삶을 결정적으로 바꾼 순간 같은 것이다. 유년 시절을 한번 떠올려보자. 친구들과 즐거운 물놀이를 했던 경험, 가족들과 동물원에 간 경험 또는 장난감을 가지고 싶었으나 가지지 못해서 속상했던 경험

직원 경험 트랙

교육

생애 설계	자기주도 학습문화
퇴직 예정자 미래 설계	임직원 특강
잡 크래프팅 교육	팀빌딩 워크숍
자동차 분해 구조학	스마트러닝
경력사원 입문 교육	B-LAB 온보딩
신입사원 입문 교육	

제도

역량 지원/IDP	자격증 지원
임직원 독서경영	서울대학교 공학전문대학원 전문석사과정 지원
학습동아리	코칭지원센터

처럼 그 시절의 특별한 경험은 기억에 남겨놓고 평이한 일상은 많이 잊어버린다. 즉 우리는 순간 중심적으로 사고하는 경향이 있다. 여기에서 몰입이라는 개념이 생겨난다. 우리는 왜 어떤 경험은 기억이 선명하고, 어떤 경험은 금방 잊어버릴까? 그것을 살펴보면 우리 경험 안에 절정의 순간과 경계가 되었던 순간이 깊이 남아 있다는 것을 알 수 있다.

회사 내 직원 경험 역시 마찬가지이다. 첫 출근하던 날, 승진하던 날, 장기근속으로 표창을 받은 날처럼 전환점, 혹은 경계점이 되었던 경험은 선명할 수밖에 없다. 이런 강력한 경험은 사실 큰 사건이 일어나야 생기는 것이 아니다. 단순한 변화에서도 큰 차이가 만들어진다. 깐깐하던 상사의 진심이 담긴 인정과 격려 한마디, 어제까지 불편했던 시스템이 바뀌어 처음 사용했을 때의 놀라움, 동료들과 협업한 프로젝트가 성공적으로 마무리되었을 때 함께 즐거워한 기억 같은 것들이 바로 그런 키가 된다.

핵심은 결국 사람이고, 인간에 대한 이해이다. 시스템은 이를 기반으로 구성원들의 니즈를 반영했을 때 비로소 실효성이 있고, 그런 시스템 안에서 직원 경험 역시 향상된다.

코칭으로 얻는 일과 삶의 균형

앞서 코칭이 직원 경험에 중요한 역할을 한다고 밝혔다. 회사 내 코칭은 훈련된 전문가인 코치가 직원의 역량을 향상시켜 직업적 목표를 달성하도록 돕는 것은 물론 일상생활에서 행복을 추구하고 개인적인 목표를 이룰 수 있도록 돕는 방법이다. 코칭은 직원 개인의 자기계발, 업무 역량 및 팀워크 강화, 조직 역량 강화에 기여하는 강력한 도구로 다양한 상황에서 활용된다.

코칭을 통해 직원 경험이 좋아진 사례는 국내외 여러 기업에서 많이 나타나고 있다. 그렇다면 코칭은 과연 어떻게 직원 경험을 바꾸는가?

우선 코칭을 받은 리더가 이끄는 조직은 조직의 민첩성과 탄력성이 높아진다. 리더가 뛰어난 소프트 스킬을 보일 때 구성원들은 동기부여를 잘 받고, 효과적인 커뮤니케이션이 가능해진다. 그런 조직에서 일하는 구성원들은 자기 일에 대한 자긍심이 높아지고, 업무에 대한 이해도 역시 높아진다. 또한 리더는 코칭을 통해 다양한 가능성을 탐색하고 의사결정 능력이 높아진다. 이런 리더와 함께 일하는 조직은 불확실성에 대한 두려움으로 주춤거리지 않고 다른 방법은 없는지 탐색하게 되고, 더 나은 선택을 하기 위한 도전을 할 수 있으며 실행력이 높아진다.

　개인적인 측면에서도 코칭을 받은 사람 중 70퍼센트가 코칭을 통해 일과 삶의 균형이 크게 향상되었다고 밝혔다. 코칭은 더 나은 직원 경험을 통한 성장이 가능하도록 만드는 효과적인 방법 중 하나이다.

서로 다르지만 코칭으로 함께 성장하기로 했습니다

사내코칭은
뭐가 더 좋은가요

현대모비스가 처음 코칭 프로그램을 사내에 도입한 것은 임원진들의 리더십이 더 효과적으로 개선될 것이라는 기대 때문이었다. 지금 리더들은 이전과 다른 도전에 직면하고 있다. 예전부터 성실하게 해오던 방식대로 일하며 자기 나름의 최선을 다해도 비난받기도 하고, 직원들이 이탈하는 경험을 한다. 젊은 직원들이 첫 취업 후 회사를 떠나는 비율은 44퍼센트에 이른다고 한다.[*] 이런

* 김현정, 'VUCA 시대 리더의 심리학', 〈동아비즈니스 리뷰〉 No. 286

상황에서 리더에게 필요한 것은 무엇인가? 어떤 리더가 좋은 리더이고, 어떤 리더십이 필요한 것일까? 이와 같은 고민은 수많은 조직들이 보편적으로 갖는 문제의식이 되었다. 그리고 현대모비스의 경영진은 수평적 리더십을 구현하고, 구성원들의 심리적 불안감을 덜어주며 함께 성장하기 위해서는 기업 문화 안에 코칭을 도입하는 것이 효과적일 것이라고 생각했다.

현대모비스가 코치형 리더에 주목한 것은 2021년부터였다. 주지하듯 이 시기는 코로나 팬데믹을 지나 엔데믹을 겪고 있던 때로 이전과 다른 방식이 조직 내에 자리 잡아가던 때이다. 수많은 회의가 화상 미팅으로 대체되었고, 대면 보고 대신 시스템을 통한 보고와 논의가 진행되었으며, 회식 자리는 없어졌다. 이는 단순히 방법이 달라진 것에 그치지 않는 변화였다. 리더와 구성원, 구성원과 구성원 간의 대화가 양적·질적으로 줄어들었고, 소통은 더욱 어려워진 것이다. 이 시기에 리더들은 구성원과의 커뮤니케이션, 동기부여, 심리적·감정적 이슈로 고민했고, 성과관리도 개선할 필요가 있다고 느꼈다. 무엇보다 구성원 개개인이 조직의 목적과 자신의 목적을 얼라인하는 데 어려움을 겪고 있었기에 리더들은 적절한 피드백을 어떻게 전달할 것인지, 어떻게

서로 다르지만 코칭으로 함께 성장하기로 했습니다

해야 동기부여를 할 수 있을지 고민했다. 그리고 조직 내 코칭 문화 조성이 그 해답 중 하나가 될 수 있다고 판단했다.

팀장을 넘어 좋은 코치가 되기 위하여

국내 기업 중 적극적으로 코칭을 도입하고 나아가 사내코치를 적극적으로 육성하는 경우는 아직까지는 흔치 않다. 그럼에도 모비스가 조직 전반에 코칭 문화를 심고자 한 이유는 앞서 밝힌 것처럼 지금 시대에 반드시 필요하고, 리더가 진정한 코치형 리더가 되었을 때 구성원 간에 면밀한 상호 작용이 가능해지고, 그것이 성장의 동력이 될 것이라는 믿음 때문이었다. 모비스는 국내외 여러 사례들을 면밀히 검토했고, 모비스만의 독창적인 코칭 문화를 심기 위해서 깊이 고민했다. 코칭을 먼저 경험한 경영진들의 적극적인 지지를 기반으로 시도한 것이 사내코치 양성 과정, 사내코치 제도의 운영이다.

사내코치 제도는 변해가는 세상에 맞는 리더와 리더십을 육성하면서 새로운 업무 환경에서 직원들의 소통 창구가 필요할 것이라는 관점에서도 유용했다.

현대모비스는 사내코치 양성 과정을 설계하는 데 심혈을 기울였다. 처음에는 조직 내에서 큰 영향력을 미치는 임원들을 대상으로 하는 사내코치 양성 과정을 운영하였고, 점차 실장급, 팀장급까지 그 대상을 확대했다. 대상을 확대한 이유는 임원만 코칭 교육을 받는 것으로는 조직 내에 코칭 문화를 안착시키는 데 한계가 있을 것이라고 판단했기 때문이었고, 일선에서 실무를 담당하는 이들과 가장 밀접하게 교류하는 팀장들이 좋은 코치가 되었을 때, 즉 코칭형 리더가 되었을 때 더 효과적으로 코칭 문화를 전파할 수 있을 것이라는 인식에 따른 것이었다.

사내코치가 좋은 이유

사내코치를 양성하는 일은 간단한 과정이 아니다. 한 사람이 코치로 성장하기까지의 노력과 시간은 생각보다 많이 필요하고, 개인적·조직적인 헌신과 지원도 반드시 필요한 일이기 때문이다. 그럼에도 사내코치가 좋은 이유는 바로 현장에 대한 이해를 바탕으로 코칭을 제공할 수 있기 때문이다. 물론 오랜 시간 코칭을 하면서 전문성을 갖춘 사외코치가 필요한 경우도 있을 것이다. 하지만 조직 체계에 대해 깊이 알고, 기업의 특수한 상황이나 업무의 전문성을 이해하고 있다면 코칭을 받는 구성원들을 더 잘 이해하면서 양질의 코칭을 제공할 수 있게 된다. 이런 이해와 공감은 수평적 조직 문화를 세우는 데에도 효과적으로 작용한다.

무엇보다 조직이 성과를 내기 위해서는 구성원 모두의 자발적이고 적극적인 참여와 실행력이 필수인데, 사내코칭은 이를 이끌어내는 마중물이 될 수 있다. 구성원들이 코칭을 좀 더 쉽게 접하게 된다면 변화의 움직임도 더 커질 수 있고, 동료가 서로의 성장에 도움을 주고받는 선순환이 일어날 수 있기 때문이다.

이외에도 사내코치의 존재는 즉시성의 관점에서도 유리하다. 결정적 순간, 즉 필요한 순간에 어렵지 않게 코칭을 받을 수 있다면 아무래도 고민의 시간이 줄어들고, 또 스스로 현명한 판단을 내리는 데에도 도움을 받을 수 있다.

이처럼 사내코치는 여러 장점이 있기에 많은 기업들이 그 필요성을 느끼고 있다. 한 코칭전문 회사에서 사내코치의 필요성을 언제 절감하는지를 조사한 적이 있다. 이에 대해 조직 생활의 한계를 느낄 때, 일하면서 한계를 느낄 때, 지지가 필요한 순간이나 해답을 찾아야 할 때, 전문가의 적절한 질문을 통해 답을 찾고 성장하길 원할 때, 잠재력을 향상시키고 싶을 때, 비즈니스적으로나 관계적으로 소통이 되지 않을 때, 재능과 존재를 믿어주고 역량 향상에 대해 논의하고 도와줄 사람이 필요할 때 사내코치의 필요성을 느낀다고 답했다.

이 의견들은 모두 왜 사내코치가 필요한지, 사내코칭이 왜 유용한지에 대한 답이 되어준다.

사내코치 제도가 있으면 꼭 필요한 순간에 코칭을 받을 수 있다는 것은 위에서도 설명했다. 사실 모든 일에는 심리적인 장벽이 존재한다. 내가 코칭을 받고 싶어도 코칭을 받기 위해서 휴가를 내야 한다거나 비용이 많이 든다면 아무래도 부담스러울 수밖에 없다. 하지만 상시적으로 코칭을 받을 수 있다면 이런 심리적 장벽은 줄어들 수 있다. 게다가 코칭은 단발적으로는 효과를 얻는 데 한계가 있다. 코치와 코칭을 받는 고객(직원) 사이에 심리적인 유대감이나 신뢰가 쌓이지 않는다면 코칭의 효과는 미미할 것이다. 자기 자신의 가장 근원적인 부분과 마주해야 코칭이 효과를 발휘하기 때문이다. 그렇기에 여러 차례 코칭을 지속할 때 자신이 가진 고민의 실체에 좀 더 근접할 수 있게 되고, 스스로 해답을 찾아갈 실마리를 얻게 된다. 실제로 현대모비스 구성원들의 경우에도 사내코치 제도를 통해 여러 차례 코칭을 받았을 때 코칭의 효과가 더 극대화되었다는 것을 확인할 수 있었다.

사내코치 제도, 사내코치의 존재 유무는 이처럼 구성원들에게 꼭 필요한 것을 적시에 제공하는 지원 체제를 구축한 것이라고 해도 과언이 아니다. 구성원들이 성장할 수 있도록 최고의 서비스를 제공하는 것, 그들이 성장했을 때 비로소 기업도 더 성장할 수 있다는 믿음은 분명 조직 성장의 동력이 된다.

사람 중심의 리더,
코칭에서 길을 찾다

현대모비스는 글로벌 자동차 부품 기업이다. 글로벌 자동차 산업이 자율주행, 커넥티비티, 전동화를 핵심으로 한 미래 모빌리티 산업으로 빠르게 재편되면서 업종 간 경계를 넘어 시장 주도권을 확보하기 위한 치열한 경쟁이 펼쳐지고 있다. 현대모비스는 전동화 핵심 기술을 앞세워 소프트웨어와 하드웨어를 융합해 통합 솔루션을 제공하는 '모빌리티 솔루션 프로바이더'로서 균형 있고 지속 가능한 성장을 이루어 나가고자 전진하고 있다.

모비스는 이전 세대의 사업을 뛰어넘어 가장 혁신적인 기술

서로 다르지만 코칭으로 함께 성장하기로 했습니다

산업에서 새로운 역량을 펼치고 있다. 이 말은 결국 현대모비스가 새로운 시대를 선도하기 위해선 기존의 방식을 잘 수렴하면서도 새로운 방식으로 나아가야 하는 시대적 과제를 안고 있다는 뜻이기도 하다.

모든 기업에는 저마다의 스토리가 있고, 비전과 미션이 존재하며, 고유의 조직 문화가 있다. 이 조직 문화는 비즈니스 현장에서 지대한 영향을 미친다. 신구의 조화가 중요한 화두 중 하나인 지금, 미래 모빌리티 산업을 주도하는 기업을 지향하는 현대모비스는 새로운 시대, 새로운 비즈니스 확대에 코칭이 중요한 역할을 할 것이라고 판단했다.

특히 연구개발과 생산 능력을 결합한 핵심 역량이 잘 발휘되려면 모든 조직이 유기적으로 상호 작용하며 도약해야 하고, 이를 위해서는 조직 문화에 코칭이 접목되는 것이 필요하다고 생각했다. 코칭 문화가 조직 내에 자리 잡았을 때 가장 큰 변화는 상호 커뮤니케이션의 질적 수준이 높아진다는 것이다. 단순한 스몰토크만으로도 혁신의 씨앗이 뿌려지고, 변화가 시작되기 마련이기 때문이다.

코치형 리더가 최고의 자산이다

나아가 이런 조직 문화가 뿌리내리려면 리더가 코치가 되어야 한다는 데 주목했다. 이를 위한 노력으로 사내코치 제도를 도입하고, 사내코치 양성 과정을 운영하게 된 것이다.

현대모비스는 사내코치 양성 과정을 통해 리더들이 코치가 되도록 전폭적인 지원을 아끼지 않았다. 한 사람의 전문 코치가 탄생하는 데까지는 물적·시간적 자원이 많이 투입된다. 그만큼 기업이 전문 코치 자격 획득을 위한 비용까지 지원한다는 것은 사내코치 양성에 진심을 다한 것이라 해도 과언이 아니다. 사내코칭 문화 확산을 위해 기울인 노력에 대해서는 뒤에서 더 자세하게 살펴보겠지만 어쨌든 이런 지원은 모두 사람이 가장 귀한 자원이라는 인식에 기인한 것이고, 직원 경험을 개선하여 직원 몰입을 끌어내기 위한 초석을 다지는 노력이라 할 것이다.

즉 모비스가 코칭 리더십을 겸비한 사내코치를 제도화시킨 가장 큰 목표는 구성원들이 모두 자발적이면서 주도적으로 자기 성장을 도모하는 문화가 조직에 스며들길 지향한 것이다. 코칭에서 발휘될 수 있는 코칭 리더십 또한 리더십 강화를 모색한 한

서로 다르지만 코칭으로 함께 성장하기로 했습니다

방법이다. 리더십은 리더에게만 있지 않다. 엄밀히 말해 리더십은 리더와 구성원 그 사이에 존재한다. 결국 리더와 구성원 사이의 관계와 신뢰의 문제이다. 서로 노력하지 않으면 리더십이 생겨날 수도 없고, 주도적인 인재 또한 있을 수 없다.

코칭은 상대방의 성장을 돕는 강력한 시스템이다. 이는 긴밀한 신뢰 관계가 구축되어야 효과가 나타나는 일이다. 핵심인재가 성장하면 조직 또한 그와 함께 유연해지고 창의적으로 변모하며 기업 또한 성장하고 변화한다. 즉 리더와 핵심인재에게 투자하는 것은 장기적인 성과에 투자하는 것이다.

조직 문화가 체질적으로 바뀌려면 이끌어가는 리더가 행동해야 한다. 예전처럼 10년 비전 슬로건을 내걸고 끌고 가는 방식은 이제 통하지 않는다. 조직 문화라는 것은 그 조직 안에 흐르는 대화법, 구성원들이 일하면서 느끼는 피드백의 디테일, 경청, 돌봄 등 그 모든 문화를 아우르는 무의식적인 요인 안에서 서로에게 흐르는 기운을 주고 받는 것이다. 아마도 사내코치가 많아지면 많아질수록 긍정적 에너지와 실행력, 성장을 도모하고 응원하는 문화가 자연스럽게 현대모비스에 흘러넘칠 것이다.

Chapter 2

함께 성장하는 조직 문화는

어떻게 만들어지는가

변화하는 세상에서
어떻게 달라져야 하는가

"요즘은 세상이 참 빠르게 변하는 거 같아요. 확실히 직원들도 예전과는 많이 다르죠."

많은 리더들이 이런 고민을 한다. 너무 빠르게 변화하는 비즈니스 환경에서 수많은 기업과 리더들은 도전에 직면하고 있다. 그래서 흔히 현재를 빠르게 변화하는 VUCA 시대라고 말한다. VUCA는 변동성Volatility, 불확실성Uncertainty, 복잡성Complexity, 모호함Ambiguity의 첫 글자를 딴 말로 2020년대 이후 비즈니스 환경을 일컬을 때 사용하는 용어이다. 실제로 현장에서 체감하는 변화의 흐름은 더욱 빨라지고 있으며, 그 방향은 불확실하고, 종착지 역시 모호하며 복잡하게 얽혀 있다. 기존의 경계가 무너지고 새로운 판도가 계속해서 열리고 있다.

구성원들의 성향이나 업무 방식, 커뮤니케이션 방식도 이전과는 분명히 다르다. 상사의 지시가 있으면 그것이 아무리 불합리하다고 생각해도 "일단 해보겠습니다."라고 말하는 것이 덕목이던 시절도 분명히 있었다. 하지만 이제는 그런 방식으로는 리딩은커녕 팀원들과의 기본적인 커뮤니케이션조차 어려워졌다. 이런 리더와 함께 일하는 직원들은 말문을 닫아버리는 경우도 부지기수다.

결국 사람이 해답이다

리더들은 기술 혁신으로 인한 비즈니스 환경 변화에 적응하는 동시에 구성원들의 변화에도 적응하느라 고군분투하고 있다. 기존의 방식이 더 이상 통하지 않는다는 것을 생생하게 경험하고 있으니 변화의 필요성에 대해서는 이미 알고 있다.

서로 다르지만 코칭으로 함께 성장하기로 했습니다

앞서 밝힌 대로 현대모비스 역시 조직 문화부터 바뀌어야 도약할 수 있다는 의식을 가졌고, 기존의 팀빌딩이나 팀개발 방식에 코칭을 적용하고 팀코칭을 도입해보자는 비전을 세웠다. 아무리 좋은 프로그램을 설계하고, 계획을 세워도 이를 운용하는 사람이 가장 중요하다는 것을 알기에 리더십 교육도 그에 맞춰 설계했다. 제도를 설계하는 것에 머무르지 않고 이를 운용할 사람들에 대해 더 많은 관심을 기울인 것이다.

팀코칭은 한 사람의 리더가 가진 능력을 뛰어넘어 팀 전체가 함께 위대함을 만들어내는 최적의 방식이다. 하나의 팀을 구성하는 모든 이들이 하나의 목표를 향해 나아가기 위해선 서로 제대로 의견을 나누는 문화가 전제되어야 하기 때문이다. 기존의 수직적인 커뮤니케이션이 아닌 하나의 목표를 공유하는 동료이자 파트너로 동등한 입장에서 의견을 교류하고, 더 나은 결과를 도출해내고자 상호 협력하고, 책임을 나누는 방식이기 때문이다.

현대모비스는 한 사람 한 사람의 리더십 역량을 개발하고, 구성원 모두의 성장을 돕고자 사내코치 제도를 시행하였다.

코칭 문화 확산을 위한
우리의 끝없는 도전

살펴본 대로 사내코칭 문화 확산의 필요성을 인식한 현대모비스의 도전은 사내코치 양성 과정의 신설로 이어졌다. 사외의 전문 코치에게 코칭을 받는 일은 이전에도 있었지만 회사 내 리더가 코치가 되었을 때 조직 전반에 코칭 문화를 심을 수 있다는 확신에서 시작된 계획이었다.

실제로 현대모비스가 사외코치가 아니라 사내코칭 시스템을 만들고 임직원을 사내코치로 양성하기까지는 여러 가지 방향성이 있었다. 처음에는 코칭 프로그램이 임원급 리더를 대상으로

서로 다르지만 코칭으로 함께 성장하기로 했습니다

운영되었다. 이는 조직 내에 미치는 영향이 상대적으로 더 큰 임원부터 코칭을 제대로 경험하면 리더들이 코칭 리더십을 체화하고, 이를 조직 내로 스며들게 만들 수 있다는 믿음 때문이었다. 경영진의 강력한 의지를 기반으로 임원들 중 희망자를 대상으로 한 코칭 프로그램이 진행되었다.

하지만 절대적인 시간 투자가 필요한 코칭 프로그램을 이수하는 것은 바쁜 임원들에겐 무리가 되었다. 몇몇 임원들은 수료를 하지 못하고 퇴임하는 경우도 생겼다. 코칭 프로그램을 진행한 현대모비스 성장지원팀에서는 이런 문제점을 해결하기 위한 대안을 모색했고, 여러 개편을 거듭한 끝에 인하우스 과정으로 사내코치 양성 과정을 설계했다. 이는 KAC 자격을 취득하기 위한 교육 프로그램으로 회사가 사내코치 활동까지 지원하는 제도이다.

코칭은 문제가 있을 때 받는 거 아니야?

이런 제도가 시행되기까지 여러 과정을 거쳤다. 처음 코칭 프로그램을 도입할 때 팀장급 이상 리더들이 별도의 사외코치에게 코칭을 받을 수 있는 코칭 지원 플랫폼을 만들었다. 코칭을 먼저 경험하고 그 장점을 인지한 교육 담당팀에서 설계한 것이었지만 실효성에는 한계가 있었다. 가장 큰 진입 장벽은 바로 고정 관념이었다. 리더들에게 아무리 코칭이 좋다고 알리고, 그 효과에 대해 설명해도 코칭이 활성화되고, 효과를 얻으려면 인식 개선이 먼저 이루어져야 했다.

리더들이 생각하는 코칭의 정의는 제각각 달랐다. 이전에 코칭을 경험한 경우나 그렇지 않은 경우나 모두 코칭이 무엇인지 개념 자체를 명확하게 아는 경우가 많지 않았다. "코칭이 정확히 뭔가요? 뭐가 좋다는 거지?"라고 묻는 경우가 많았다. 그런데 가장 넘기 힘든 장벽은 바로 코칭을 경계하는 태도였다.

"코칭은 문제가 있는 사람이 받는 거 아닌가? 나한테 코칭이 왜 필요한데?"

바로 이 인식이 문제였다. 상사와의 면담 같은 것에 익숙한 이들에게 코칭의 기본 철학을 알리는 것은 쉬운 일이 아니었다. 코칭은 문제점이나 부족한 부분을 지적하기 위한 것이 아니라 새로운 방법을 함께 고민하고, 자기 스스로 가능성을 찾기 위한

서로 다르지만 코칭으로 함께 성장하기로 했습니다

방법인데 코칭을 신청하면 왠지 문제 있는 사람으로 보일까 불안해하는 인식이 분명히 존재했다. 그러다 보니 코칭을 신청하는 이들의 수는 잘 늘어나지 않았다. 게다가 코칭은 자발성이 밑받침되지 않으면 효과를 거두기 어려운데 무작정 신청하라고 독려하는 것은 한계가 있었다.

모비스 사내코치의 첫 탄생

다시 개편을 시도했다. 임원들의 바쁜 일정을 고려해 코칭 프로그램 과정을 연초로 앞당기고, 같은 고민과 공감대가 있는 리더들이 일정 내에 KAC 자격 취득을 할 수 있도록 현대모비스 상황에 맞춰 좀 더 커스터마이즈된 인하우스 과정으로 변화를 주는 개편을 시작했다. 이 과정에서 사내코치 양성 과정이 설계되었다.

사내코치 양성 과정은 코칭의 본질에 좀 더 근접하기 위한 방안이었다. 단순하게 코칭 리더십 프로그램을 연수하는 1박 2일간의 단발성 교육만으로는 코칭을 제대로 알기 어렵고, 당연히 좋

| 현대모비스 사내코치 양성 과정 프로세스 |

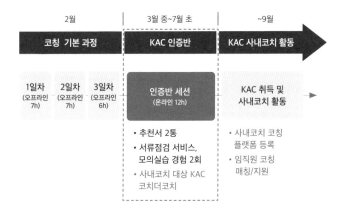

은 경험으로 이어지기도 힘들다는 것을 알았기 때문이다. 그런데 사내코치 양성 과정을 통해 자격증 취득에 도전한다면 아무래도 코칭을 더 자주 가깝게 만날 수 있을 것이었다. 공인 코치 자격인 KAC 자격을 취득하기 위해서는 반드시 50시간의 코칭 경험이 필요하고, 이를 수행하는 과정에서 코칭에 대한 좋은 경험을 가지고, 무엇보다 코칭적 대화를 몸에 익힐 수 있을 것이라 기대했다.

현대모비스에서 사내코치가 되기 위해서는 인하우스 과정을

서로 다르지만 코칭으로 함께 성장하기로 했습니다

이수해야 한다. 해당 과정은 오프라인 20시간 교육 과정으로 구성된 코칭 기본 과정과 12시간의 비대면 실습, 사내코치들의 코칭 과정을 참관하여 보며 상위 코치가 피드백해주는 코치더코치 Coach the Coach를 포함한 50시간의 코칭 실습으로 이루어진다. KAC 자격을 취득하는 과정이 단순히 자격증 취득 과정에 그치는 것이 아니라 코칭의 의미를 발견하고 스스로의 변화를 경험하는 과정이 될 수 있도록 지원하는 것이다.

　실제로 이 과정을 경험한 사내코치들은 코칭의 의미를 발견하고, 소속 구성원들과의 대화에 더욱 호기심을 갖고 경청하며 열린 질문을 통해 소통하는 법을 체화하면서 스스로가 변화되는 경험도 하게 된다. 한 리더는 "코칭 연습 과정에서 때로는 깨지고, 아픔을 경험하면서 코칭을 내 것으로 만드는 과정을 거쳤다."면서 "지금은 코칭이 동료뿐만 아니라 가족, 그리고 다른 이들과의 관계를 연결해주는 다리가 되고 있다."라는 후기를 전했다. 가장 고무적인 것은 코칭을 경험한 리더들이 구성원들의 고민에 대한 공감도가 높아지면서 직원들의 만족도가 높아지자 구성원들에게도 코칭 문화가 조직 내에 스며들고 있다는 것이 조금씩 전해지고 있다는 사실이다.

한편 사내코치 양성 과정이 처음 시행된 2021년에는 임원으로 그 대상을 한정하였다. KAC 지원 자격이 주어지는 코칭 기본 과정에 총 12명의 임원이 참여했고, 이들 중 KAC 자격 취득을 희망하는 5명이 도전해 KAC 자격을 취득했다. 20시간의 교육, 코칭 실습 누적 50시간을 거쳐 필기시험과 실기시험까지 모두 합격하고 코치가 된 것이다.

현대모비스 사내코칭 문화 확산에 밑거름이 될 사내코치가 처음 탄생한 순간이었다. 이렇게 코칭을 경험한 이들은 또 주변에 코칭의 장점과 효과를 알리는 메신저가 되어주었다.

이렇게 좋은 걸
어떻게 알려야 할까요

코칭 문화 확산을 위한 노력은 지속되었지만, 코칭에 대한 낮은 수준의 인식은 쉽게 개선되지 않았다. 리더들은 막연하게 코칭 리더십이란 용어를 들어보았거나, 단편적으로 이해하고 있는 정도였고, 구성원들은 코칭에 대한 이해가 전무하다시피 했다. 무엇보다 코칭에 대한 신뢰도가 낮았고, 불안감을 느끼는 경우가 많았다.

우선 코칭의 장점을 더 많이 알려야 한다고 생각했다. 사실 무언가를 선택하는 데 있어서 이미 경험해본 사람의 조언은 강력한 동기가 된다. 더 많은 이들이 코칭을 경험할 수 있도록 하기 위한 방법이 없을까 고민했고, 우선 사내코치 양성 과정의 대상을 확대하였다.

기존 임원진만을 대상으로 하던 것에서 첫 시행 다음 해인 2022년에는 실장급 이상으로 대상을 확대하였다. 실제 비즈니스 현장에서 구성원들과 접점이 더 많은 리더들이 코칭을 경험하고, 효용성을 확인한다면 효과적일 것이라는 기대로 폭넓게 시행하게 되었다. 그 결과 기본 과정에 26명이 지원했고, 이 중 24명이 KAC 자격을 취득하였다. 2023년에는 팀장급과 인사담당자까지로 사내코치 양성 과정 지원의 문을 넓혔다.

동료 팀장 추천으로 왔어요! 입소문이 나게 하라

이렇게 지원 대상을 확대하자 2023년 코칭 기본 과정에 110명의 리더들이 지원했다. 놀라운 숫자였다. 이렇게 많은 이들이 지원한 까닭은 한 BU(Business unit, 비즈니스유닛)의 리더가 소속 팀장 이상 직책자들에게 코칭의 장점과 코칭 리더십을 꾸준히 알

서로 다르지만 코칭으로 함께 성장하기로 했습니다

| 현대모비스 사내코치 양성 현황 |

2021	2022	2023	2024
임원 대상	**실장급 이상**	**팀장급 이상**	**팀장급 이상**
코칭 기본 과정 12명	코칭 기본 과정 26명	코칭 기본 과정 110명	코칭 기본 과정 24명
→ KAC 5명 취득	→ KAC 24명 취득	→ KAC 26명 취득 * 인사담당자 10명 포함	→ KAC 24명 취득

린 덕분이었다. 그런데 110명 중 KAC를 취득한 이는 26명이었다. 이는 코칭 문화 확산에서 시사하는 바가 큰 결과였다. 코치가 되는 과정은 자발적 의지가 있지 않는 한 끝까지 해내기 어려운 일이고, 그만큼 지속적인 관심과 지원이 반드시 필요하다는 점을 확인시켜준 결과이기 때문이다.

그럼에도 코칭의 장점을 경험하는 이들이 많아질수록 사내코치 양성 과정에 대한 관심은 더욱 커졌고, 입소문만큼 확실한 홍보는 없다는 것을 눈으로 확인할 수 있었다. 실제로 2024년 새로 과정에 등록한 팀장들에게 "어떻게 사내코치 양성 과정에 지원하게 되었나요?"라고 물으니 동료 팀장의 추천이 있었다는 대답이 많았다. 주변의 추천과 입소문을 듣고, 코칭지원센터에 기재되어 있는 사내코치진들의 프로필과 다짐들을 둘러보면서 호기심을 가지고 '나도 한번 해볼까?' 하는 관심을 기울이게 된 경우도 있었다.

한편 코칭을 경험한 이들이 적극적으로 전임코치진에게 동료 팀장을 추천하기도 한다. "A팀장님이 리더십도 좋고, 실행력도 좋은데 코칭을 경험하면 더 좋아질 거 같아요." 이런 추천을 통해 코칭을 경험한 리더들 중에는 실제로 사내코치 양성 과정에 입문하는 이들도 있다.

현대모비스 구성원들 중 아직 코칭을 경험해보지 못한 이들도 많은 것이 사실이다. 하지만 모비스의 실장 이상 124명, 팀장 480명, 워킹그룹장 234명의 리더들과 임원들 중 누군가 먼저 경험하고, 이를 잘 체화해서 구성원들과 공유한다면 분명 더 많은 이들이 코칭에 관심을 기울이고, 궁극적으로 리더를 넘어 구성원 모두가 코칭을 통한 성장을 경험하게 될 것이라 믿는다.

서로 다르지만 코칭으로 함께 성장하기로 했습니다

전임코치는
연결자입니다

현대모비스 사내코칭 프로그램이 처음 시행된 이래 변곡점을 맞이한 것은 2022년이었다. 전문적으로 코칭 프로그램을 기획하고 운용하는 전임코치를 선발한 것이다. 기존에는 교육 담당 부서인 성장지원팀에서 담당하던 일이었지만 코칭 문화를 폭넓게 전파하기 위해서는 이를 전담하고, 더 깊이 이해하는 전문 인력이 필요하다는 경영진의 확고한 의지가 담긴 행보였다. 국내 기업에서는 보기 드문 직군인 만큼 파격적이고도 선진적인 움직임이었다.

기존에 어떤 일을 하였든 상관없이 책임급이라면 전임코치가

| 현대모비스의 코치 구성 및 역할 |

① ・코치, 강사 등의 역할을 풀타임제로 수행하는 사람
・코칭 문화 전파를 위한 제도 기획

② ・회사 지원을 통해 코치 자격 취득한 인원으로 일과 병행하여
활동하는 사람(리더, 인사담당자)
・주로 일대일 코칭 지원

③ ・코칭 전문기관 소속의 사외 전문코치
・주로 실장 이상 리더 온보딩, 이슈 리더 지원

될 수 있는 기회의 문을 활짝 열고 모집 공고가 발표되었다. 지원자 중 최근 3개년 직무 평가, 직무 관련 전보 내역, 직무 관련 경험 및 경력, 최종 보직 직급, BU 및 부문 추천 인원, 개인 이력 등 다각도의 심사를 거쳐 3명의 전임코치가 선발되었다.

이를 통해 현대모비스의 사내코치진은 코칭 관련 업무만을

서로 다르지만 코칭으로 함께 성장하기로 했습니다

수행하는 전임코치와 현업과 코치 업무를 병행하는 사내코치로 구성되게 되었다. 전임코치는 퍼실리테이터, 코치, 강사 등의 역할을 풀타임제로 수행하고, 사내코치는 회사 지원을 통해 KAC 또는 KPC, PCC 자격을 취득한 인원으로 현업을 수행하면서 파트타임으로 코칭 업무를 병행하고 있다.

새로운 길을 열어가는 사람들

선발된 전임코치진은 신설된 직군인 만큼 더 많은 노력과 새로운 시도와 도전이 필요한 일이라는 것을 인지하고, 코칭 문화 확산에 대한 책임감과 사명감을 가지고 현대모비스 사내코칭 문화 확산을 리딩하고 있다.

전임코치의 역할은 크게 두 가지 영역으로 구분할 수 있다.

첫째, 코칭 문화 확산을 위한 프로그램의 기획 및 운영이다.

핵심 업무 중 하나는 사내코치 양성 과정을 기획 및 운영하면서 사내코치의 활동을 지원하는 일이다. 사내코치진이 KAC 자격을 취득하는 것에서 그치지 않고, 지속적으로 역량을 강화할 수 있도록 독려하고, 필요한 지원을 하는 것이다. 모비스쿨 내 사내코치 프로필 등재 및 코치 인력풀 관리, 사내코치와 교육생 매칭 지원, 활동 정례화 등 사내코치를 위한 다양한 지원 제도를 기획하고 운영하는 것도 모두 전임코치들의 역할이다.

또한 코칭을 접목한 새로운 교육 프로그램을 기획·개발하고, 운영한다. 신규 입사자 온보딩 강의, 코칭 리더십 강의, 갤럽 강점 진단*, 버크만 진단**, MBTI 진단 디브리퍼 등 진단 기반의 팀워크숍 진행 등 다방면의 프로그램을 실행하면서 구성원들이 보다 쉽게 코칭을 접하고 활용할 수 있도록 돕고 있다.

둘째, 직접적이고 전문적인 코칭을 수행한다.

전임코치진이 가장 많이 하는 업무 중 한 가지는 바로 코칭이다. 신청자들을 대상으로 하는 일대일 코칭 외에도 신임 리더, 핵심인재 중 희망자를 대상으로 한 일대일 코칭(3회기 이상 코칭

* 심리학자인 도널드 클리프턴과 갤럽의 연구진이 50년간 연구한 데이터와 분석 자료를 바탕으로 개발한 강점 진단 프로그램이다. 실행력, 영향력, 대인관계 구축, 전략적 사고의 네 가지 영역의 34가지 재능 테마 중 개인의 강점 테마를 확인할 수 있다.
** 1951년 미국 심리학자 버크만 박사가 개발한 개인 특성 진단이다. 대인관계 방식 및 업무 상황에서의 일 처리 방식을 보여준다.

서로 다르지만 코칭으로 함께 성장하기로 했습니다

실시), 그리고 팀코칭 등 다양한 코칭 업무를 수행하고 있다.

전임코치진이 직접적인 코칭을 할 때의 장점은 조직 구성원들을 일대일로 더 깊이 있게 만날 수 있다는 점이다. 횟수 제한 없이 원하는 이들에게 코칭을 지원하다 보니 구성원들의 변화를 오랜 기간 직접 확인하면서 지속적으로 지원할 수 있다. 특히 조직과 현업의 상황을 전반적으로 이해할 수 있어 더 실질적인 코칭을 제공할 수 있다는 점도 장점이다.

전임코치진은 이런 업무를 수행하면서 스스로 코칭에 대한 이해가 더욱 깊어지는 경험을 했다. 또한 구성원들이 변화하는 모습을 생생하게 지켜보면서 코칭의 효과와 의미에 대한 확신을 더욱 강하게 가지게 되었으며 조직과 임직원들의 변화와 성장을 돕는 일 자체가 주는 보람을 느꼈다. 사내코칭 문화 확산을 위한 현대모비스의 도전에 함께 해온 것처럼 앞으로도 더 많은 노력을 기울일 것이다. 전임코치진이 경험한 것을 한마디로 정리하면 이렇다.

"오랜 기간 자신만의 방식에 익숙해진 리더는 바뀌기 어렵다고 생각했다. 하지만 지난 4년간 리더 중심의 사내코치 양성 과정을 진행하면서 수많은 리더들의 변화를 지켜보았다. 사내코치 양성 과정을 신청하게 된 계기는 모두 달랐지만 실습을 하면서 소중한 사람들과 연결되고 성찰하는 시간을 가질 수 있었고, 이를 통해 각자 자신의 북극성을 발견하고 행복에 보다 가까이 다가간 리더들을 많이 만났다. 이 경험은 기획을 한 우리에게도 의미가 있었다. 코칭이 우리가 행복으로 가는 길로 연결해줄 수 있다는 믿음이 더 강해졌다. 앞으로도 리더들이 코치형 리더로 성장할 수 있도록 도와 구성원들 모두가 코칭을 만나 변화하고, 코칭 문화가 더욱 확산되는 데 일조하고 싶다."

전임코치라는 현대모비스만의 특수한 직군은 그야말로 코칭 전도사이자, 조직과 구성원들 사이에 코칭 문화가 자리 잡도록 안내하는 길잡이이자 연결자로서 현대모비스만의 코칭 문화를 만들어가는 데 앞장서고 있다.

서로 다르지만 코칭으로 함께 성장하기로 했습니다

현대모비스 사내코치 제도의
모든 것

현대모비스는 사내코치 양성 과정을 통해 사내코치를 배출하고, 사내코치 제도를 운영하면서 사내코치진들이 적극적으로 코칭에 나설 수 있도록 돕고, 이를 통해 구성원들이 코칭을 좀 더 친숙하게 접할 수 있도록 제도를 고안하고, 지속적으로 개선해왔다.

여기에서 현대모비스 사내코치 제도 운영에 대해 살펴보자.

우선 사내코치 자격을 얻기 위해서는 사내코치 양성 과정의 기본 교육을 받고 한국코치협회 KAC 인증코치 또는 국제코칭연맹 ACC 인증코치 레벨 이상의 자격을 갖춰야 한다. 이것이 가장 첫 번째 자격 요건이다. 다른 조건은 조직의 규정, 법적 의무, 윤리적 책임 등 컴플라이언스 위반으로 인한 징계 이력이 없어야 한다. 이는 코치가 직업 윤리적으로도 신뢰를 줄 수 있어야 하기에 반드시 필요한 자격 요건이다.

이런 기본 자격 요건을 갖췄는지를 먼저 점검한 뒤에는 본인의 활동 의지를 확인하고, 이후 코치 지원자의 팀장에게 승인을 받아야 한다. 팀장인 경우 외에 인사담당자나 향후 확대 예정인 구성원들을 대상으로 한 경우 해당 부서 팀장이 사내코치 활동에 동의해야 활동에 제약이 없기 때문이다. 이 과정까지 거치고 나면 비로소 사내코치풀에 프로필이 등재되고, 코치로서 활동할 수 있게 된다.

이 활동 절차도 한 가지 변화가 있었는데, 이전에는 사내코치 양성 과정을 통해 코치 자격을 획득한 후에 사내코치로 활동할 것인지를 정했지만, 2024년부터는 사전에 사내코치로 활동할 의지가 있는 경우에만 양성 과정에 등록할 수 있도록 제도를 강화했다. 이는 교육 과정에서부터 의지를 북돋아 성실하게 교육을 이수하고, 사명감과 책임감을 갖도록 하기 위한 조치였다.

서로 다르지만 코칭으로 함께 성장하기로 했습니다

사내코치가 메신저가 될 수 있도록

현대모비스는 이들 사내코치가 활동하는 데 필요한 여러 시스템들을 구축하는 한편 코치들이 코칭 역량을 강화하고 성장을 이룰 수 있도록 동기부여를 하고 있다. 기본적으로 코치 활동에 대한 보상 체계를 구축했다.

모든 사내코치는 무료가 아닌 유료로 코칭을 진행한다. 이 말은 HR 부서에서 인정한 사내코치가 코칭을 해주면 회사가 코치료를 지불한다는 뜻이다. 2024년 6월부터는 사내코치인 팀장이 직속 부하 직원을 코칭해준 경우에도 코칭 일지를 작성할 수 있도록 개편되었다. 사내코치가 코칭을 하고 일지까지 작성을 완료하면 매월 집계를 해서 다음달 15일에 시스템에서 집계를 한다. 이 기준으로 다음 달 25일에 각 사내코치에게 코치료를 급여 형태로 지급하고 있다. 예를 들어 A 사내코치가 2024년 3월에 5건, 총 330분간 코칭을 했다면, 시스템은 3월 코칭 실적을 5.5시간으로 집계해서 반올림한 6시간에 대한 코치료를 2024년 4월 급여일자에 지급한다. 이런 지원은 사내코치가 더 양질의 코칭을 제공할 수 있도록 스스로를 독려하고, 책임감을 가질 수 있

| 현대모비스 사내코치 제도 운영 개요 |

활동 절차: 지원 자격 점검 → 활동 의지 확인 → 코치 지원자 팀장 승인 → 코치풀 등재 → 코치 활동 수행

지원 사항:
- 사내코치료 지급
- 협회 자격 유지비 지원
- 코칭 컨퍼런스 참가 지원
- 코칭 관련 도서 지원

게 만드는 것이다. 또한 상위 레벨의 코치 자격을 획득하는 데에 있어서도 유료 코칭 경험이 반드시 필요하기 때문에 이런 모든 환경을 고려한 것이다.

또한 한국코치협회 회원 자격을 유지하는 데 들어가는 비용을 지원하고, 코칭 관련 행사 중 가장 큰 규모인 코칭컨페스티벌 참가를 지원하고 있다. 매년 10월경에 열리는 코칭컨페스티벌은 현대모비스뿐만 아니라 전국의 코치들이 코칭에 관한 정보를 교환하고, 인사이트를 얻는 축제의 장이다. 코치들은 그동안의 노고를 서로 치하하고, 현장 경험을 공유하면서 코칭에 대한 이해를 더욱 넓히고, 새로운 정보를 얻는다. 또한 전 세계 코칭의 트렌드와 흐름도 파악할 수 있고, 관심사에 따라 라이프 코칭, 비

서로 다르지만 코칭으로 함께 성장하기로 했습니다

즈니스 코칭 등 다양한 세션에 참여하여 역량을 강화할 수 있다. 행사 후에 열리는 교류회에서는 서로 애환을 나누고 지지와 격려가 오고 가는 네트워킹의 자리가 펼쳐져 경험을 쌓을 수 있다. 이처럼 현대모비스는 코치 활동에 필요한 모든 경제적 지원을 적극적으로 함으로써 사내코치들의 활동을 독려하고 있다.

사내코치 역량 향상을 위한 최고의 지원

한편 이들 사내코치들이 지속적으로 활동하고, 그 활동을 상호 점검할 수 있도록 사내코치 협의회를 운영하고 있다. 연간 4회 분기별로 회의를 소집해 사내코치들 간의 네트워킹을 강화하고, 현장에서 느끼는 어려움이나 새로운 이슈를 공유함으로써 코치 활동의 동기를 고취시키고 있다. 협의회는 1분기와 3분기는 온라인 미팅으로 진행하고, 2분기에는 오프라인으로 교류회를, 4분기에는 코칭컨페스티벌 참여와 교류회로 진행하고 있다.

이 자리에서 사내코치들은 실제로 활동하면서 느낀 점을 공유하고, 사내코칭 문화 확산을 위해 필요한 이슈들에 대해 토의

하면서, 코칭 활성화를 위한 아이디어도 나눈다. 이 모든 과정을 통해 새로운 자극을 얻기도 하고, 자신의 역량을 점검하게 된다.

코치로서 한 단계 도약하고 싶은 경우에도 지원을 아끼지 않는다. 사내코칭 누계 총 50시간 이상이 되면 KPC 자격 취득을 위한 코칭 심화 과정을 지원받을 수 있고, 코칭 누계 100시간 이상인 경우 추가 교육까지 지원받을 수 있다. 이 모든 것은 사내코치가 역량을 강화해야 직원들이 좋은 코칭 경험을 가질 수 있고 코칭 문화가 확산될 수 있다는 믿음에 기반한 것이다.

한편 모든 사내코치들은 이런 지원을 받기 전 책임과 의무를 가진다. 현대모비스 사내코치의 가장 중요한 의무는 코칭 윤리 준수와 사내코칭 문화 확산을 위해 노력하는 것이다. 코칭을 받는 사내 구성원들이 양질의 코칭 서비스를 받을 수 있도록 스스로 코칭 역량을 강화하는 것이 기본적인 의무이다.

제도적으로도 코치 활동을 성실하게 수행하도록 풀아웃^{Pool} ^{out} 제도를 시행하고 있다. 이는 연간 코칭 시간 10시간 미만이거나 연간 2회씩 코칭 스킬을 점검하고 훈련하도록 지원하는 멘토 코칭 및 코치더코치 프로그램을 미시행했을 때 사내코치 자격을 박탈하는 것이다. 이렇게 하는 까닭은 앞서 밝힌 것처럼 사내코

| 현대모비스 사내코치 역량 강화 프로그램 |

개인별 스킬 훈련	· 멘토 코칭/코치더코치 의무 시행(각 2회)
KPC 자격 취득용 코칭 심화 과정 지원	· 사내코칭 누계 총 50시간 이상 · 코칭 누계 100시간 시 추가 교육 지원
풀아웃 제도 운영	· 연간 코칭 시간 10시간 미만 · 멘토 코칭 및 코치더코치 각 2회 미시행
기타 지원	· 한국코치협회 협회비 지원 · 코칭컨페스티벌 참가 지원 · 코칭 관련 도서(연 2권)

치가 임직원들에게 수준 높은 코칭을 제공할 수 있도록 역량을 강화하기 위해서이다.

경영진의 굳건한 의지는
필수 조건이다

앞서 살펴본 것처럼 현대모비스는 사내코칭 문화 확산을 위한 지원을 적극적으로 시행하고 있다. 국내 기업 중 이렇게 적극적으로 사내코칭 문화 확산을 위해 힘쓰고, 시스템을 갖춘 곳은 찾아보기 어려운 수준이다. 그런데 이 모든 것은 한두 사람의 힘으로 이룰 수 없는 것이다. 회사가 코칭을 얼마나 중요하게 생각하는지, 코칭 리더십의 효용성과 가치를 믿고 있는지를 모든 구성원들이 알 수 있도록 공표하는 것이 무척 중요하다.

서로 다르지만 코칭으로 함께 성장하기로 했습니다

현대모비스의 이규석 사장은 코칭 리더십의 중요성을 강조하면서 리더가 역량 개발에 더욱 힘써야 한다는 의지를 표명하였고, 2024년에는 이를 위해 전사 리더 대상 교육 프로그램에 코칭 리더십 세션을 반영하도록 해 모든 리더들이 필수적으로 교육받을 수 있도록 독려했다.

리더가 바뀌어야 조직이 바뀐다는 경영진의 철학은 현대자동차그룹 정의선 회장이 언급한 말에서도 드러난다. "비즈니스를 혁신하는 주체도 사람이고 그 사람들이 각자의 개성과 역량을 최대치로 발휘할 수 있는 조직 문화를 만들려면 결국엔 리더가 바뀌어야 된다."

이런 경영진의 확고한 비전은 코칭의 철학을 기업 문화에 흐르게 하겠다는 의지를 보여준 것이라 할 것이다. "리더는 단순히 업무를 지시, 평가하는 관리자에서, 목표 달성을 위한 전과정을 코칭하는 퍼포먼스 코치와 부하 직원과 성과 중심으로 커뮤니케이션하며, 육성하는 탤런트 매니저로 변화가 필요하다."라는 말속에 리더의 변화를 독려하는 뜻이 명확하게 담겼다. '코치', '커뮤케이션', '매니저'로서의 리더 역할을 강조하는 것은 결국 모든 일이 사람과 소통하고, 사람의 역량을 끌어내고, 사람과의 관계

안에서 혁신이 이루어질 수 있다는 것을 통찰한 결과이다.

많은 기업이 바텀업으로 코칭 문화를 확산하고자 한다. 하지만 모비스는 이처럼 영향력 있는 리더를 사내코치로 육성하여 탑다운 방식을 함께 적용하여 적극적으로 나서고 있다.

서로를 존중하는 기업 문화, 코칭으로 만들다

2023년부터 정의선 회장은 상호 신뢰와 존중이 있는 조직 문화를 강조했다. 신년사에서 "스스로에 대한 자신감과 동료에 대한 신뢰가 필요하다."라고 강조하면서 "솔직한 소통과 의지가 필요하고, 상사와 부하 직원들 사이에서의 소통이 강화되어야 한다."라고 밝혔다. 또한 "능동적 문화를 위해선 원활한 소통이 요구되며 이를 위해서는 리더가 열린 마음을 갖는 자질이 중요하다."라고 밝혔다. 이 말의 근간에는 코칭 정신이 자리 잡고 있다고 볼 수 있다.

현 ISO 회장이자 2023년 당시 현대모비스의 사장이었던 조성환 사장 또한 직원들에게 피드백한 내용에서 코칭의 필요성을 강조한 바 있다. "모든 리더들은 코치로서 역할이 필요하다.", "구성원들 간 신뢰를 쌓을 수 있는 문화 구축과 동시에 코칭이 사내에 자리 잡을 수 있도록 추진 요망한다."라는 피드백이 그것이다.

현대모비스 경영진은 앞으로의 사회가 이전 사회보다 협업과 상호 존중으로 서로 성장하는 문화가 더 많이 필요하다는 판단 아래 그 어느 때보다 '서로를 존중하는 기업 문화 정착'을 강조했다. 그리고 실패를 두려워하지 않고 창의성을 발산할 수 있는 조직 시스템을 요구했다. 인재 육성과 자기주도적 성장을 적극 지원하겠다는 비전 아래 코칭으로 신뢰를 쌓을 수 있는 문화가 정착되길 바란 것이다.

코칭 문화 확산을 위한 경영진의 전폭적인 지지

경영진이 굳건한 의지를 보여주면 분위기가 바뀐다. 관심을 가지지 않던 것에도 다시 한 번 눈을 돌려 관심을 가지게 되고, 내 일이 아니라고 생각하던 것도 자신의 일로 받아들이게 된다. 그렇게 시나브로 코칭이 구성원 한 사람 한 사람에게 스며들도록 만드는 것은 현장의 사내코치들이기도 하지만 조직 전반을 아우르는 경영진의 의지이고, 그들이 제시하는 비전이라는 데는 이견이 없을 것이다.

경영진은 비전을 제시하고, 지원을 아끼지 않아야 한다. 앞서 살펴본 리더 중심의 코칭 문화 확산을 위한 제도 마련, 전임코치 직군 신설, 사내코치진에 대한 지원이나, 편안하게 코칭을 받을 수 있도록 코칭룸을 신설하여 코칭 시간만큼은 자신이 가지고 있는 이슈들을 편안하게 풀어낼 수 있도록 도운 점 등은 그런 의지와 비전을 명확하게 밝힌 행보이다. 이 외에도 업무 시간 안에 코칭 시간을 포함시킨 시스템이나 코칭 플랫폼인 코칭지원센터 리뉴얼 등도 모두 경영진의 의지를 보여준 것이다.

서로 다르지만 코칭으로 함께 성장하기로 했습니다

어떻게 하면
코칭이 친숙해질까

앞서 소개한 것처럼 현대모비스는 경영진이 사내코칭 문화 확산에 대한 강한 의지를 표명하고, 사내코치 제도 및 각종 워크숍이나 강의를 통해 코칭 문화 확산을 위해 최선의 노력을 기울여왔다. 하지만 여전히 모비스의 많은 직원들이 코칭에 대해 명확하게 알고 있다고 말하기는 어렵다. 모비스 임직원 1만 2,000여 명 중 20퍼센트 정도만 코칭에 대해 제대로 알고 있다면 조직 내 코칭 문화는 분명히 달라질 것이다.

때문에 여전히 코칭을 알리고, 코칭을 쉽게 받아들이게 만들어야 한다는 미션이 남아 있다. 핵심은 코칭을 더 많은 이들이 경험해야 상호 교류하면서 그 문화도 더욱 단단해질 수 있다는 것이다.

이에 모비스 직원들이 코칭을 좀 더 쉽게 접할 수 있도록 시스템을 갖추어야 한다는 인식이 생겼고, 오랜 준비를 거쳐 코칭 플랫폼을 구축했다. 누구나 관심을 가지고 찾아오는 것은 아니지만 궁금증을 불러일으키고, 원하는 사람은 누구나 코칭을 받을 수 있도록 하기 위해서 반드시 필요한 것이라고 생각했다.

현대모비스 코칭 플랫폼, 코칭지원센터

현대모비스가 처음 코칭 플랫폼(코칭지원센터)을 만든 것은 2020년 11월 초였다. 당시 이 시스템을 만든 목표는 리더(팀장급 이상)의 실질적인 성과 관리와 코칭 역량 강화를 지원하기 위해서였다. 당시만 해도 현대모비스에 사내코치 제도가 도입되기 이전이었기 때문에 코치형 리더에 대한 이해도가 낮았다. 그래서 당시 코칭 플랫폼의 도입 목적은 코칭뿐 아니라 컨설팅 등 리더들이 리더십을 발휘하는 데 있어 도움이 되는 다양한 역할을 통한 지원으로 정의하였다. 세부적으로 코칭 플랫폼의 도입 목표는 다음과 같이 정의되었다.

첫째, 리더들이 코치로, 퍼실리테이터로, 카운슬러로 역할 변화를 인식하고, 구체적 스킬을 습득하여 코칭을 상시화하자.

둘째, 사내코치를 집중적으로 육성하여, 리더의 변화를 통한 원활한 커뮤니케이션을 중심으로 한 성과 관리 문화를 정착시키자.

보는 대로 코칭지원센터의 오픈 초기에는 명확히 리더들만을 대상으로 한정했고, 그렇기에 일반 직원들은 코칭지원센터 플랫폼에 접근이 불가했다. 당시 코칭지원센터 메뉴 구성은 상시 1:1 코칭, 리더상담소, 나의 코칭 크레딧이었다. 리더는 상시 1:1 코칭 메뉴를 통해 외부 전문 코치들에게 코칭을 신청할 수 있었다. 고객인 리더가 코칭을 받고 싶은 주제별로 카테고리화(후배 육성, 실행력, 의사소통, 피드백 등)하여 해당되는 코치들의 프로필도 확인할 수 있고, 코칭을 신청하면 사외코치와 일정을 조율하여 코칭을 받는 형태였다.

하지만 활용도가 낮아 전체 인원의 1~2퍼센트만이 참여하였다. 게다가 신청자들에게 30분씩 코칭할 수 있는 크레딧을 2개씩

지급했지만 그것으로는 시간이 턱없이 부족했다.

이런저런 문제들과 함께 낮은 참여율을 개선하기 위해서 변화가 필요했다. 게다가 2021년부터 사내코치가 양성됨에 따라 사내코치 활동을 제대로 지원하기 위해서라도 플랫폼의 변화가 시급했다. 기존의 사외코치에게 코칭을 신청하는 메뉴 외에도 사내코치를 통한 코칭을 지원하는 메뉴가 반드시 필요해진 것이다. 교육 전담 부서인 성장지원팀, 전임코치진은 아이디어를 모았고, 코칭 플랫폼의 개편 작업이 진행되었다.

누구나 손쉽게 접할 수 있도록

그렇게 여러 시행착오를 거치며 개편된 코칭 플랫폼은 현대모비스 임직원이라면 출근해서 하루에 한 번은 들어가보는 사내 인트라넷 모비스쿨에 노출되었다. 모비스쿨은 모비스 직원들이 자기계발에 필요한 인터넷 강의를 수강하기도 하고 다양한 사내 복지를 접하는 시스템이다.

이 안에 자리 잡은 코칭지원센터는 코칭을 받고자 하는 임직

| 현대모비스 코칭 플랫폼, 코칭지원센터 |

원이라면 누구나 활용할 수 있는 모비스만의 코칭 플랫폼이다.

이 시스템의 가장 큰 장점은 바로 코칭 신청부터 코칭 이력 관리

까지 원스톱 서비스가 가능하다는 것이다.

코칭지원센터에 접속하면 2024년 신규로 사내코치가 된

18명을 비롯해 총 63명의 사내코치진의 프로필과 핵심 분야를

| 현대모비스 코칭 플랫폼 세부 프로세스 |

누구나 확인할 수 있다. 임직원은 자신의 현재 이슈에 적합하다고 판단되는 코치를 스스로 선택해 코칭을 신청할 수 있다.

코칭 신청/예약 버튼을 누르면 무엇을 써야 할지 고민할 필요 없이 빈칸을 채우면 된다. 온라인으로 코칭을 받을 것인지, 오프라인으로 직접 만나 코칭을 받을 것인지, 언제, 어디에서 받을 것인지 등을 선택할 수 있고, 자신의 고민이 무엇인지, 요청사항

서로 다르지만 코칭으로 함께 성장하기로 했습니다

은 무엇인지를 작성한 뒤 신청하기 버튼을 누르면 코칭을 받을 수 있다.

한편 코칭을 신청받은 사내코치는 코칭지원센터에서 코칭 신청 알림 메일을 받는다. 이후 코치와 고객이 실제 가능한 일자를 협의하고, 협의한 날짜에 코칭을 진행한다. 사내코치는 신청서를 확인하여 고객(코칭 신청자)의 상황을 좀 더 이해한 상태로 코칭에 임할 수 있다.

이런 원스톱 서비스를 통해 실제 코칭을 진행한 뒤에는 사내코치와 고객 모두 결과에 대한 코멘트를 작성함으로써 코칭의 모든 과정이 종료되고, 데이터가 쌓인다. 결과적으로 코치나 코칭을 받는 고객 모두가 자신의 코칭 기록을 살필 수 있기 때문에 변화의 추이를 스스로 파악해볼 수 있다는 것도 이 시스템이 가진 장점이라 할 것이다.

코칭지원센터에 쌓이는 데이터의 힘

사내코칭 플랫폼은 디지털 시대에 발맞춘 시스템이었다. 플랫폼이 갖춰지면서 전사 코칭 누적 시간과 추이를 확인할 수 있게 되었고, 코칭에 대한 다각화된 분석을 가능하게 만들어주는 데이터가 쌓였다. 덕분에 다회기 코칭보다 일회성이 많다는 것 등 코칭의 빈도와 추이를 분석하여 단점을 보완하는 기획을 고민할 수 있게 되었다.

이 모든 것이 코칭 플랫폼 도입의 장점이라 할 것이다. 더불어 점점 더 증가하고 있는 사내코치진과 코칭 시스템을 하나의 플랫폼으로 관리함으로써 더 많은 이들이 코칭을 받을 수 있는 기회를 제공할 수 있다는 것도 장점이라 할 것이다.

2023년 4월 리뉴얼된 코칭 플랫폼 코칭지원센터가 론칭된 지도 1년 이상 되었다. 2024년 9월 20일 기준, 코칭을 받은 임직원 수는 580명, 코칭 건수는 1,526회, 평균 코칭 횟수 2.63회, 코칭 누적 시간 1,652시간, 사내코치는 63명이 등록되어 있다.

이런 기록은 플랫폼이 있었기에 쌓을 수 있었던 것이다. 또한 온라인상에 코칭 일지를 등록함으로써 코치진들은 코칭 내용의 복기도 손쉽게 할 수 있다.

이처럼 차곡차곡 쌓인 데이터의 힘은 강력하여 향후 현대모비스 코칭 문화 확산의 추이를 가늠해보고 분석해볼 수 있는 기

서로 다르지만 코칭으로 함께 성장하기로 했습니다

| 일대일 코칭 실적(2023.4~2024.9.20) |

코칭받은 임직원 수	코칭 횟수	평균 코칭 횟수
580명	**1,526회**	**2.6회**

코칭 누적 시간	사내코치
1,652시간	**63명**

초 자료가 되었고, 무엇이 더 필요한지, 어떤 것을 바꿔야 할지에 대한 방향성까지 점검해볼 수 있도록 만들었다.

이 외에도 코칭지원센터 플랫폼에 홍보 영상을 게시하여 임직원들의 호기심을 자극하는 홍보 매체로도 활용하고 있다. 성장지원팀이 게시한 3분 정도의 짧은 영상에는 데이터로 된 코칭의 회기수나 시간, 사내코치진의 인터뷰도 포함되어 있다. 이를 통해 현대모비스 임직원 모두가 좀 더 코칭에 대해 친근함을 느끼고, 나와 상관없는 일이 아닌 '나도 한번 코칭을 받아볼까?' 하는 마음이 들 수 있도록 꾸준하게 문을 두드리고 있다.

코치는 끊임없는
자기 성장의 책임이 있다

2024년 9월 기준 현대모비스 사내코치진은 풀타임으로 근무하는 전임코치 3인과 현업과 코칭을 병행하는 60인의 사내코치로 총 63명이다. 더불어 사내코치의 경우 현재는 사내코치 양성 과정의 지원 조건을 사내코치 지원자로 한정하고 있지만 이전에는 KAC 자격 취득 후 희망하는 경우에만 사내코치로 활동했기 때문에 KAC 자격을 취득한 모비스 구성원은 더 많다. 처음 사내코치 제도가 도입된 이래 4년간 이룬 양적 성장을 단적으로 보여주는 수치이다.

서로 다르지만 코칭으로 함께 성장하기로 했습니다

이제 현대모비스는 사내코치진의 양적 성장을 뛰어넘어 질적 성장을 위한 도전 앞에 서 있다. 한 사람의 전문 코치는 단기간에 육성되지 않는다. 단계적인 교육, 실질적 코칭이 병행되어야 하고, 무엇보다 코치 스스로가 자신을 담금질하는 수련의 시간이 반드시 필요하다.

그런데 지난 4년의 성과를 보면 분명 괄목할 만한 성장을 이루었지만 한편으로는 사내코칭 실적이 코치별로 편차가 큰 문제점이 나타났고, 코칭 시간이 적은 코치들의 경우 코칭 역량이 저하될 수도 있다는 이슈가 발생했다. 이는 현대모비스 사내코칭 문화 안착 및 확산을 위해서 반드시 해결해야 하는 과제가 되었다. 이에 따라 앞서 소개한 개인별 스킬 훈련, KPC 자격 획득을 위한 심화 과정 지원, 풀아웃 제도 운영 등 다양한 지원책을 실시하고 있다.

하지만 가장 중요한 것은 바로 코치 스스로가 자기 성장의 목표를 세우고 끊임없이 역량을 강화하는 것이라고 할 것이다. 코칭이 자발성, 지속성이 없으면 효과가 나타나기 어렵듯, 한 사람의 코치도 스스로 성장하고자 하는 자유 의지와 지속적인 노력 없이는 수준 높은 코칭을 제공하기 어렵다. 하지만 이런 자기 성장은 말처럼 쉬운 일은 아니다. 그렇기에 코치가 되는 것도 어렵고, 중도 포기하거나 코치가 된 이후에도 제대로 활동하지 못하는 경우가 생기는 것이다.

지속성을 끌어올리는 코칭 마인드셋

사실 현업을 수행하면서 사내코치 업무까지 하는 것은 결코 쉽지 않다. 그래서 코치로 가는 여정에서 포기하고 싶은 마음이 드는 경우가 많다. 여간 열정과 에너지를 쏟아야 하는 일이 아니기 때문이다. 그런데 포기하고 싶거나 코칭이 어려워지거나 매너리즘에 빠져 허우적댈 때 가장 도움이 되는 사람들은 누구일까?

그건 코칭을 계속 권유하는 선배 코치도 아니고, 동기부여를 해주는 외부코치도 아니다. 제일 도움이 되는 이는 그 과정을 함께 하는 동료 코치들이다. 말하자면 동병상련의 법칙이다. '아, 저 팀장님도 나처럼 고생하고 있구나.' 이런 생각이 인지상정인 것이다. 함께 사내코치 양성 과정을 이수하고 있는 동료 팀장은 코칭을 지속하게 하는 가장 강력한 힘이 된다.

서로 다르지만 코칭으로 함께 성장하기로 했습니다

그래서 사내코치들은 서로 끈끈한 유대 관계를 맺고 있다. 가령 사내코치 양성 과정을 신청한 팀장이 포기하고 싶어질 때 함께 신청한 동료 팀장이 손을 잡아주면 끝까지 임무를 완수해서 자격증을 취득하게 되는 경우가 많았다.

사내코치가 되고 나서도 계속 코칭 경력을 관리해야 한다. 1년에 10시간을 채우지 못하면 사내코치진에서 풀아웃이 되는데 신규 입사자, 핵심인재 등 내부 직원들과의 매칭을 도와 지속적으로 코칭을 수행하면서 실력을 키울 수 있도록 도와주는 이들도 동료 코치들이다. 더불어 이런 사내코치진들의 결속은 코칭 마인드셋을 일깨운다.

가능성을 긍정하는
열린 대화가 흘러넘치도록

우리는 일을 할 때 수많은 커뮤니케이션을 한다. 서로 다른 생각을 가지고 있고, 삶과 일의 방식이 다른 이들이 한데 모여서 일을 하기 위해선 반드시 서로를 이해하고, 하나의 목표로 향해 갈 수 있도록 하는 과정이 필요하다. 그리고 그것을 가능하게 해주는 것이 바로 커뮤니케이션이다. 예전에는 탁월한 리더 한 사람이 정해진 방향대로 리딩하면서 구성원 각자의 세부 역할까지 관리할 때 더 나은 성과가 나온다고 믿었다. 하지만 이제는 함께 일하는 이들이 서로 다른 생각을 하는 게 당연하고, 자연스러운

서로 다르지만 코칭으로 함께 성장하기로 했습니다

일이며, 이를 존중하면서 협업할 때 더 좋은 결과를 얻는다는 걸 대부분이 알고, 이를 인정하는 문화가 자리 잡아가고 있다. 서로의 의견을 더 귀 기울여 듣고, 새로운 길을 모색하는 코칭적 대화가 조직 내에 반드시 필요하다는 인식이 퍼지고 있는 것도 같은 맥락이다.

서로를 존중하는 코칭적 대화

앞서 살펴본 것처럼 코칭적 대화란 모든 가능성을 인정하는 열린 대화의 방식이다. 정해진 답을 구하려고 하는 게 아니고, 무엇이든 탐색하는 가능성의 대화이다. 사실 예전에는 리더가 정해진 답을 향해 사람들을 리딩하는 게 더 탁월한 방식이라고 믿기도 했다. 하지만 모든 것이 정해진 틀에서 벗어나고 경계가 무너진 오늘날 그런 방식으로는 새로운 시도조차 하기 어렵다. 그러니 작은 실마리라도 무시하지 않고, 그에 대해 묻고, 또 다른 가능성에 초점을 맞추는 커뮤니케이션 방식이 반드시 필요해진 것이다.

코칭적 대화가 조직에 흐르게 하려면 조직 내에 많은 이들이 이 대화법을 제대로 알고 숙련이 되어야 한다. 의식하지 않아도 자연스럽게 코칭적 대화를 할 수 있을 정도로 몸에 익어야 한다는 뜻이다. 한두 사람으로는 충분하지 않다. 현대모비스는 조직에 이런 코칭적 대화가 흐를 수 있도록 하기 위해서 리더들의 역할이 무엇보다 중요하다고 생각했고, 코칭을 먼저 접해본 사내코치들이 이 대화법을 익히고 업무 현장에서 활용하면서 점진적으로 확산시켜나가야 한다고 생각했다. 그래서 사내코치들의 단계별 훈련에 무엇보다 공을 들였다. 현대모비스만의 모델을 구축하기 전 이미 검증된 방법으로 여러 시도를 해가고 있는데 실용적인 코칭 모델 및 프로세스로 STAR 모델, GROW 모델 대화법 등을 활용하고 있다.

특히 STAR 모델은 CiT코칭연구소가 개발한 것으로 이 모델의 질문은 조직 코칭, 개인 코칭 모두에 사용하기 좋아 활용성이 높다. 주제에 대한 스토리를 먼저 충분히 다루어 고객의 내면에 있는 깊은 목표를 찾아내고, 삶의 대목표를 찾아 행동할 에너지를 높이는 대화 모델이다. 이 모델은 일회성, 단기성이 아닌 지속 가능한 대화 모델이란 특징이 있으며, 현대모비스 사내코치

서로 다르지만 코칭으로 함께 성장하기로 했습니다

양성 과정에 임하는 구성원들이 코칭 실습에 실제로 활용하고 있는 모델이다.

STAR 모델 대화법의 기본 툴킷을 한번 살펴보자.

STAR 모델 단계별 질문 모음

1. Story 단계

첫 번째 만남이거나 한 번의 만남으로 끝날 예정인 경우

- 간단한 아이스 브레이킹
- 대화의 의도를 명확히 한다.

두 번째 이상의 만남(세션)일 때

- 지난 세션 이후 목표와 관련해서 어떤 것을 공유하고 싶습니까?
- 지난 세션 이후 목표 대비 어떤 성과가 있었습니까?

주제 명확히 하기와 깊이 들어가기

- 오늘 어떤 이야기를 해볼까요?
- 무엇에 초점을 맞추고 싶은가요?
- 그중에서 가장 해결하고 싶은 것은 무엇입니까?
- 그것을 생각하게 된 계기는 무엇입니까?

- 이야기를 끝냈을 때 어떤 결과를 얻고 싶은가요?
- 그것에 대해 좀 더 자세히 말씀해주시겠습니까?
- 그것이 달성된다면 어떤 변화가 있을까요? 어떤 의미가 있을까요?

2. Target 단계

- (주제와 관련해서) 이상적인 모습은 무엇인가요?
- 진정 원하는 것이 무엇입니까?
- 그 목표를 달성했다는 것을 어떻게 알 수 있습니까?
- 그 목표가 이루어졌을 때 당신은 어떤 모습을 하고 있을까요?
- 그 목표가 이루어졌을 때 느낌은 어떨까요?
- 지금은 어떤 상황인가요?
- 현재 당신의 모습은 무엇에 비유할 수 있을까요?
- 원하는 모습이 10이라면 지금은 몇 점 정도일까요? 그것은 어떤 모습인가요?
- 원하는 모습과 지금의 모습은 어떤 차이가 있나요?

3. Action Plan 단계

- 원하는 모습이 되기 위해서는 무엇이 달라져야 할까요? 무엇을 먼저 해야 할까요?
- 당신은 무엇을 개선하고 싶은가요? 무엇을 할 수 있습니까?

- 모든 지원이 가능다면 당신의 삶 속에서 무엇을 가장 바꾸고 싶은가요?
- 다시 시작할 수 있다면 무엇을 바꾸겠습니까?
- 그 밖에 다른 방법은 무엇입니까?
- 그 외에 무엇이 필요합니까?
- 만약 존경하는 분이 당신과 같은 문제를 안고 있다면 그분은 이것을 어떻게 해결하실까요?
- 어떤 것을 먼저 해보고 싶은가요?
- 일주일 안에 그것을 개선하기 위해 바꿀 수 있는 것은 무엇입니까?
- 구체적인 실행 계획은 무엇입니까?
- 예상되는 장애 요인은 무엇입니까?
- 협조를 얻어야 할 사람은 누구입니까?

4. Recap 단계
- 오늘 이야기한 것을 정리해주시겠습니까?
- 가장 기억에 남는 것이 무엇입니까?
- 오늘 대화에서 느낀(깨달은) 점은 무엇입니까?
- 오늘 코칭에서 얻은 것이 무엇입니까?

출처 : CiT코칭연구소

각 단계별 질문을 살펴보면 단번에 핵심을 파고드는 질문이라기보다 한 걸음씩 모든 상황과 조건들을 살펴보면서 핵심을 향해 가도록 돕는 질문이라는 것을 알 수 있다. 이렇게 하면 질문과 답이 상호 작용을 한다. 상대의 답에 따라서 질문도 조금씩 달라질 것이다.

어쨌든 중요한 것은 정해진 길이 없다는 것뿐이다. 우리는 일을 하면서 혹은 일상생활을 하면서 여러 변수와 맞닥뜨린다. 변수나 돌발 상황 앞에서 정답은 필요하지 않다. 각각의 상황에 맞는 질문과 답을 찾아가는 것만이 필요할 뿐이다. 코칭적 대화를 배우고, 몸에 익히는 것은 바로 이런 대처 능력을 키우는 것이기도 하다. 이 능력을 키우는 데 필요한 자세는 계속 강조한 것처럼 경청하고, 고정 관념에 휩싸이지 않는 것이다.

리더 한 사람이 바뀐다고 조직의 구성원 모두가 경청하고, 열린 커뮤니케이션을 하는 코칭적 대화가 가능해지진 않을 것이다. 하지만 잔잔한 물결은 파도가 되고, 파도는 계속해서 순환되어 어디로든 당신을 이끌어줄 것이다. 모비스가 오늘도 코칭적 대화를 권장하고, 조직 내에 자리 잡도록 하기 위해 애쓰는 가장 중요한 이유이다.

서로 다르지만 코칭으로 함께 성장하기로 했습니다

코칭이 뭐라고?
일단 한번 해보면 알아!

경영진이 코칭 문화 확산에 대한 의지를 굳게 가지고, 이를 안착시키기 위한 여러 시스템을 갖춘다고 해도 코칭을 직접 경험해 보지 않으면 제대로 알기가 어렵다. 주변 추천이나 호기심으로 코칭을 신청하여 받는 이들조차 "도대체 코칭이 뭔가요?" 하고 되묻는 경우가 너무 많다. 그리고 이런 경우 코칭은 시작부터 삐걱거릴 수도 있다. 코칭을 받는 고객과의 대화가 물 흐르듯 자연스레 흘러간다면 좋겠지만 그렇지 못한 경우도 많다는 뜻이다. 현대모비스의 사내코치진들 역시 이런 경험을 여러 차례 했다고 한다.

"코칭이 무엇인가요?", "코치가 뭐 하는 사람인데요?"라는 질문에 대한 답은 앞에서 말한 것처럼 한마디로 정의하긴 어렵다. 그래서 이 질문에 답을 하다 보면 이야기가 점점 더 어려워져서 상대는 코칭을 시작하기 전에 복잡하고 어렵다고 느낄 수도 있다.

그러니 이런 질문을 받았을 때에는 코칭이 무엇인지를 애써 설명하려고 하기보다 짧게라도 코칭을 직접 경험해볼 수 있게 해주는 게 가장 좋다. 코칭을 더 많이 알리려거든 일단 10분 정도 코칭을 경험할 수 있도록 하라. 하나의 예를 들어보자.

코치   현재 당신의 삶에 대한 만족도가 어느 정도 되나요?

고객   한 50퍼센트 정도요?

코치   50퍼센트는 어떤 상태인가요?

고객   해야 하는 걸 알면서도 새로운 시도를 하지 않고 기존에 하던 것만 유지하는 상태요.

코치   그럼 올해 연말까지 어떤 모습이고 싶으세요?

고객   80퍼센트까지 높인다면 좋겠어요.

코치   새로운 시도를 하는 나의 일상은 어떻게 다른가요?

서로 다르지만 코칭으로 함께 성장하기로 했습니다

고객 사람들과 의견을 주고받으며 계속 무언가를 시도하며 활력 있는 모습이 될 거예요. 서로 신나 있는 모습이요.

코치 그럼 신나고 활력 있는 삶을 이루기 위해 이번 달에 무엇을 해보시겠습니까?

고객 주 1회 평소 생각하던 것들을 글로 정리해 블로그에 포스팅해서 주변 사람들에게 좋은 영향을 미치고 싶어요.

코치 그렇게 하면 어떤 기분이 들 것 같으세요?

고객 뿌듯할 것 같아요.

코치 오늘 10분 정도 말씀을 나눴는데요, 이런 시도가 당신의 삶에 어떤 변화를 가져올 것 같나요?

고객 오랜 기간 생각만 하고 실행하지 못했는데 이제는 할 수 있을 것 같아요. 제가 그렇게 원하고 있었는지 몰랐어요.

코치 지금 경험한 것이 코칭입니다. 당신의 진정한 바람을 발견하고, 이를 실행하여 성취할 수 있도록 돕는 과정이에요. 짧은 시간이었지만, 코칭을 경험해보니 어떤 느낌이 드나요?

고객 저의 진정한 목표와 열망을 깨닫게 되었어요. 감사합니다!

이런 식으로 아주 짧게라도 상대가 원하는 것에 집중해볼 수 있도록 안내해주는 코칭을 진행하면 코칭에 대한 이해가 조금이나마 생겨날 수 있다. 물론 단번에 이렇게 코칭이 가능하지 않은 경우도 있다.

코칭적 질문으로 만드는 소통

때로는 질문을 해도 자신의 이야기를 꺼내지 못하고 모르쇠로 일관하는 고객을 만날 때도 있다. 상대방이 모른다고 할 때 그 이유는 대개 몇 가지로 나뉜다. 그중 하나는 고객이 정말 방법을 생각하려고 해도 생각이 떠오르지 않는 것이다. 그럴 때는 생각의 방향을 바꿔줄 수 있는 새로운 각도의 질문을 해주면 좋다. 말 그대로 관점을 달리할 수 있도록 해주는 것이다.

> **고객** 팀원이 왜 그런 행동을 하는지 정말 모르겠어요. 팀원과의 관계를 개선해야만 하는데, 정말 무슨 방법이 있을지 모르겠군요.

서로 다르지만 코칭으로 함께 성장하기로 했습니다

코치 그렇다면 그 팀원의 관점에서 생각해본다면, 그가 무슨 이유로 그렇게 행동할까요?

고객 음, 잘 모르겠지만 아마도 개인적인 문제가 있을 수도 있고, 업무에서 스트레스를 받고 있을지도 몰라요.

코치 그럴 수도 있겠네요. 그럼 팀원들 여러 명이 모인 자리에서 벗어나 큰 풍선을 타고 하늘 위로 조금만 올라가 볼까요? 100미터 정도 올라갔습니다. 뭐가 보이나요?

고객 그 팀원이 혼자 앉아 있네요.

코치 어떤 모습인가요?

고객 뭔가 불편하고, 슬퍼 보이네요. 힘들어하고 있는 걸까요?

코치 그럴 가능성도 있겠네요. 지금 이 팀원에게 가장 필요한 것은 무엇일까요?

이런 방식으로 조금만 관점을 달리 하도록 하면 고객은 스스로 자신이 그동안 보지 못했던 모습을 발견하거나 자각하게 된다. 물론 이 예시는 단순화한 것이고, 이런 관점의 전환이 순식간에 일어나지 않을 수도 있다. 하지만 코치는 다각화된 시선을 가지도록 안내하는 안내자의 역할을 할 수 있다.

고객이 한계로 정해놓은 틀을 뛰어넘어 다른 방향으로 생각을 전환하도록 하는 것도 코치의 역할 중 하나이다. 방향 전환을 위해서는 입장을 바꾸는 질문을 해보거나 '만약에'라는 단어로 상상해보도록 하는 것이 필요하다. 예를 들어 "만약에 처음부터 팀원과 다시 시작한다면 어떤 출발을 해보시겠어요?" 같은 식으로 질문해보는 것이다. 처음엔 코치가 던지는 이런 질문이 익숙하지 않더라도 자주 하다 보면 자연스러워지고 자기 스스로도 이런 질문을 해볼 수 있게 된다. 그렇게 된다면 상대에게 던지는 질문이나 대화의 방식 역시 달라지고 변화가 시작된다.

조직 내에 코칭 문화가 뿌리내리려면 이처럼 코칭적 대화가 먼저 자리 잡아야 한다. 이런 변화를 위해서 사내코치들이 더 많이 필요하다. 코칭을 배우면서 끊임없이 훈련하는 과정에서 이런 코칭적 대화가 자연스럽게 조직 내에도 더 많이 흐르게 될 것이기 때문이다.

현대모비스는 지난 4년간 사내코치들을 양성하면서 끊임없이 훈련하고 지원하는 과정을 통해 조직의 변화가 조금씩 일어나고 있다는 것을 목도하였다. 아직까지 완전하게 뿌리내렸다고 단정할 수는 없지만 그럼에도 이런 시도를 통해 새로운 도전을 계속

서로 다르지만 코칭으로 함께 성장하기로 했습니다

해갈 수 있는 자양분을 스스로 만들어내고 있다고 확신한다. 앞서 살펴본 것처럼 코칭 플랫폼에 쌓인 데이터를 통해서도 이미 그 의미를 확인하고 있으니 분명 앞으로 그 영향력은 더 확대될 것이다.

Chapter 3

모든 리더는 코치가
되어야 합니다

지금 우리에겐
코치형 리더가 필요해

현대모비스는 팀장급 이상 리더들의 리더십 향상을 위한 다양한 역량 강화 프로그램을 운영하고 있고, 그중 핵심 방법으로 코칭을 선택했다. 그 이유는 앞에서 살펴본 것처럼 코칭이 가진 힘을 믿기 때문이며, 또한 코칭으로 열린 커뮤니케이션이 가능해지기 때문이다.

코치형 리더는 기본적으로 열린 커뮤니케이션을 지향한다. 그들은 모든 가능성을 긍정하는 열린 질문을 통해 상대의 이야기를 끌어내고, 잠재력에 초점을 맞춘다. 만약 이런 열린 질문이 사내에 전반적으로 확산된다면 조직은 어떤 변화를 경험하게 될까? 틀을 정해두지 않은 것, 기존에 없던 방식도 시도해볼 용기, 미지의 가능성을 향한 끝없는 도전이 가능해지지 않을까? 답이 정해진 질문으로는 기존에 하던 방식의 일, 결과에 대한 확신이 드는 일밖에 할 수 없지만, 새로운 것을 모색하게 만드는 열린 질문이 퍼진다면 일반적인 업무조차 자율적인 분위기로 해내게 될 것이고, 이런 경험으로 성공에 대한 자신감을 쌓으면서 도전을 두려워하지 않는 역동적인 조직으로 거듭날 수 있을 것이다.

모비스가 사내코치 제도를 도입하면서 리더들을 주목한 것 역시 바로 이 때문이다. 리더부터 코칭적 대화, 열린 질문을 체화한다면 그 물결은 조직 구성원 한 사람 한 사람에게로 전해질 수 있다는 믿음이 있었던 것이다. 하지만 코칭적 대화를 완전히 체화하는 것은 계속하여 강조한 것처럼 쉬운 일이 아니다. 우리는 누구나 기존에 하던 방식이 익숙하고, 그 방식을 바꾸는 데에는 많은 노력이 필요하다. 코칭은 단순히 팀장 워크숍, 리더십 오리엔테이션에 몇 번 참여했다고 가능한 일이 아니며 시간을 투자하고, 정서적 노력이 수반되어야 하는 일이다.

우리가 코칭을 배우기에 앞서서 가져야 할 마음가짐은 깊은

서로 다르지만 코칭으로 함께 성장하기로 했습니다

인내심이다. 일회성으로 끝나는 시스템과는 처음부터 끝까지 완전히 다르다. 코칭은 서로 간의 소통을 기본으로 하는 시스템이기 때문에 지시하는 것으로 이루어질 수가 없다. 서로 묻고 답하며 해답을 찾아가는 것이 코칭의 기본 원리이다.

그렇기에 리더를 코치로 양성하는 것은 매우 귀중한 자산이 되어준다. 앞서 모비스의 사내코치가 되기 위해서 반드시 KAC 자격을 취득해야 하고, 그러려면 50시간의 코칭이 필요하다는 것을 설명했다. 이 시간이 중요한 것은 경험 때문이다. 내가 무언가 질문했을 때 상대의 반응은 어떠했는지, 분위기가 어떻게 달라졌는지, 어떤 질문이 더 나은 상황과 해답을 만들었는지 스스로 느껴보는 기회를 그 50시간이 만들어준다는 뜻이다.

서로 다른 구성원들이 함께 성장하려면

우선 코칭과 리더십의 상관관계에 대해서 한번 짚어보자. 수많은 리더들이 여러 가지 방법으로 리더십 역량을 높이고자 노력한다. 그들은 지금까지 믿었고, 해왔던 방식이 더 이상 통하지 않는다는 것을 알기에 변화하기 위해 끊임없이 노력하고 있다. 그런데도 쉽게 바뀌진 않는다. 익숙하지 않은 것을 받아들이는 데 편견을 깨는 노력이 필요하고, 또 방법을 제대로 알지 못해서 그런 경우도 있다.

그렇다면 현대모비스가 추구하는 코치형 리더의 덕목은 무엇일까. 리더의 덕목은 여러 가지가 있지만 그중 모비스가 중요하게 생각하는 것을 몇 가지 소개한다.

첫째, 가장 먼저 필요한 덕목은 기다림이다. 내가 알고 있는 일이라도, 혹은 의도하는 바가 있더라도 이를 성급하게 드러내지 말라는 것이다. 이는 코칭의 기본 철학인 인간의 잠재력에 대한 믿음을 바탕에 두어야 한다는 의미이기도 하고, 구성원 모두의 성장에 헌신하고자 하는 마음가짐이기도 하다.

둘째, 전문성에 대한 이해가 필요하다. 업무에 대한 깊이 있는 이해는 자신뿐 아니라 구성원들의 업무에 대해서도 제대로 이해하고, 문제나 어려움이 없는지 살피는 태도를 가지게 해준다. 현대자동차그룹만 하더라도 각 계열사마다 서로 다른 업무와 조직 문화가 존재한다. 만약 전문적인 지식이 필요한 영역에서 그 업무를 깊게 알지 못한다면 상대방과의 깊이 있는 소통은 불

서로 다르지만 코칭으로 함께 성장하기로 했습니다

가능하다.

그렇기에 조직 내부의 리더가 코치가 된다면 이는 구성원에게 맞춤형 전문 코치가 탄생한 것이나 마찬가지이다. 그 기업의 비즈니스 영역을 제대로 알고 있는 코치형 리더는 구성원들에게 질 높은 코칭을 제공할 수 있다. 사외코치의 경우에는 기업이 어떤 분야의 비스니스를 영위하고 있는지 파악하고 그에 알맞는 코칭을 하는 데까지 많은 시간이 필요하다. 이에 비해 사내 리더가 코치의 역할을 맡을 경우 그 분야에 대한 전문성은 물론 용어, 조직 체계, 조직 문화 등에 대한 이해를 갖추고 있기에 구성원들에게 어떤 코칭이 필요한지를 보다 짧은 시간 안에 정확하게 파악할 수 있다. 더불어 구성원들과의 상호 관계가 서로 더 촘촘하게 연결되어 있기 때문에 그들의 강점과 잠재력을 찾는 데에도 더욱 유리하다.

셋째, 계속하여 강조한 것처럼 질문하는 자세를 갖춰야 한다. 코칭은 혼자 한다고 되는 것이 아니다. 탁구공이 왔다갔다하듯 둘 사이에서 오고 가는 소통과 신뢰가 형성되어야만 한다. 단, 구성원이 코치, 즉 리더에게 마음을 열고 진솔한 대화를 할 수 있는가를 먼저 살펴야 한다. 코칭을 받는 구성원이 마음을 닫고 있으면 형식적인 대화밖에 할 수 없다.

그런데 이런 신뢰 관계는 말 그대로 교감이 필수이고, 이 교감을 위해서는 상대가 자신의 이야기를 편안하게 할 수 있도록 촉매제가 필요하다. 그것이 바로 적절한 질문이다. 구성원은 '내가 이런 이야기를 해도 될까?', '내가 이걸 이야기하면 괜히 오해만 생기는 게 아닐까?', '괜히 불이익을 당하는 건 아닐까?' 하는 마음이 들 수도 있다. 수평적 조직을 추구한다고 해도 조직이란 어쩔 수 없는 위계질서가 이미 존재하기 때문이다. 그렇기에 리더가 스스로 더욱 눈높이를 낮추고 다가가서 구성원이 가질 수 있는 불안감을 덜어주어야 한다. 그렇게 했을 때 비로소 제대로 소통이 가능해지고, 이를 기반으로 신뢰 관계가 형성되어 스스로 문제를 해결할 수 있도록 코칭해줄 수 있다.

넷째, 모든 구성원을 파트너로 대우하는 것이다. 이는 수평적 조직 문화를 만드는 기반이 된다. 지적한 것처럼 조직은 어쩔 수 없이 직급과 직책이 존재하는 수직적 체계를 가지고 있다. 그러니 리더와 팀원 사이에 수평적 관계가 형성되려면 리더가 더 많이 노력해야만 한다. 특히 한국 사회처럼 연공서열 문화가 오랫동안 자리 잡아온 환경에서 이미 고착화된 구조적인 문제를 해결해야 하는 숙제이기도 하다.

수평적 관계를 형성하기 위해선 리더가 구성원들에게 눈높이를 맞춰야 한다. 그들의 의견을 평가하는 입장이 아니라 가능성을 발견하고, 설사 부족한 점이 있다고 해도 그것을 지적하는 것이 아니라 좋은 점을 수용하면서 더 나은 방식을 찾도록 피드백해주어야 한다. 그리고 그 과정에서 팀원의 관점이 발전 가능하다는 존중의 마음을 가져야 한다.

리더가 이렇게 구성원들을 파트너로 대우하면 구성원들은 심리적인 안정감을 가지고, 비로소 자신의 의견을 적극적으로 내놓을 수 있게 된다. 이를 통해 구성원들은 자신도 모르고 있던 스스로의 진가를 발견하고, 자존감이나 의욕이 높아지기도 한다. 구성원들의 이런 변화는 조직 문화에 좋은 영향을 미치고, 상호 동기부여가 되는 선순환이 일어날 수 있게 만든다.

코치형 리더는 바로 이런 일들을 제대로 해내는 사람이다. 조직의 구성원들 누구나 자신의 강점과 잠재력을 발견할 수 있도록 그들의 이야기를 들어주고, 기다려주고, 서로 교감하면서 더 나은 길을 함께 찾아가는 사람이다.

사외코칭보다 사내코칭이 더 효과적인 이유도 바로 이 때문이다. 정리해보면 사내코치는 구성원들에게 던져야 할 질문을 상대적으로 쉽게 찾을 수 있고, 직원들은 자신의 업무 상황을 구구절절 설명할 필요 없이 대화에 집중할 수 있다. 그렇기에 사내코치가 사외코치보다 직원의 말을 이해하며 받아들이고 공감하기 더 쉬운 것이다.

팀원들과 어떻게
대화를 시작해야 할까

현대모비스에서는 사내코칭을 진행하면서 리더들의 고민들을 많이 들을 수 있었다. 각자의 상황과 구성원들의 성향, 업무의 특성에 따라서 각기 조금씩 다른 특성이 있었지만, 공통적으로 리더들이 고민하는 한 가지가 있다. 바로 '팀원들과 어떻게 대화를 시작해야 좀 더 원활하게 의사소통이 가능할까?' 하는 것이었다.

뒤의 표에서 데이터로 확인된 코칭 주제 중 직원 평가 항목이나 리더십 개발 항목에 이런 관점이 모두 포함되었다(참고로 모비스 구성원들의 코칭 주제도 함께 소개했다).

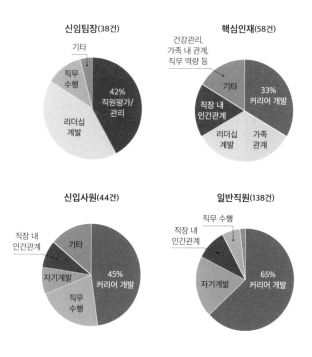

| 현대모비스 사내코칭 주제 분석(278건) |

신임팀장(38건)

기타
직무 수행
리더십 계발
42% 직원평가/ 관리

핵심인재(58건)

건강관리, 가족 내 관계, 직무 역량 등
기타
직장 내 인간관계
리더십 계발
가족 관계
33% 커리어 개발

신입사원(44건)

직장 내 인간관계
기타
자기계발
직무 수행
45% 커리어 개발

일반직원(138건)

직무 수행
직장 내 인간관계
자기계발
65% 커리어 개발

리더들의 고민처럼 리더의 한마디 말은 힘이 강하다. 리더의 말은 단순한 말이 아니고, 그 영향력까지 고려해야 한다. 조직 구조 안에서 구성원들은 팀장의 한마디에서 여러 맥락을 유추하기 때문이다. 생각해보자. 우리가 살아가면서 듣는 여러 말들이

서로 다르지만 코칭으로 함께 성장하기로 했습니다

똑같은 의미로 해석되지 않는 경우는 흔하다. 그건 서로의 친밀도에 따라서, 서로의 역할에 따라서 매우 다르다. 대부분의 우리는 언어 이면에 자리한 진실을 찾아내고자 애쓰고, 때론 애쓰지 않아도 그 의도가 무엇인지 쉽게 알아차리기도 한다.

예컨대 팀장이 "그래서 결론이 뭔가요?"라고 말했다면 어떨까? 리더는 순수하게 결론을 정리해달라는 뜻이었다.

하지만 듣고 있던 A대리는 이렇게 생각한다.

'내 설명이 장황했나?'

신입사원 B는 이렇게 생각할지도 모른다.

'와, 팀장님 화나셨나? A대리님이 뭐 잘못한 건가?'

팀장의 사소한 한마디가 일파만파로 영향을 미칠 수도 있다는 뜻이다. 그렇기에 리더는 대화의 포문을 열 때 자신의 말이 어떤 영향을 미칠지 생각해야만 한다. 그리고 대화를 긍정적인 방향으로 이끌어야 할 책임이 있다. 그만큼 신중하고 세심한 배려가 필요하다는 뜻이다. 결론을 예단하게 만드는 질문이나 답으로 대화를 시작하면 그 대화는 긍정적인 상호 작용을 할 수 없다.

팀원들과 대화를 시작할 때 리더가 가져야 할 첫 번째 마인드는 이런 배려와 긍정성이다. 부정적이거나 비관적인 의미로 읽힐

수 있는 말이 아닌 긍정적이면서 발전 가능한 이야기로 대화를
열어야 한다.

당신의 이야기를 들을 준비가 되어 있습니다

그런데 이런 긍정성의 대화를 하려면 마음가짐부터 달라져야 한
다. '먼저 잘 듣겠다.'라는 마인드가 있어야 한다. 우리는 어떤 대
화를 할 때 '내가 무슨 말을 해야 하지?' 하는 생각을 먼저 하곤
한다. 이런 마음가짐은 말과 태도로 쉽게 드러나게 마련이다. 그
럴 경우 상대 역시 긴장을 하게 되고 대화가 자연스럽게 흐르지
못한다. 반면 구성원이 리더의 말과 태도에서 '나는 당신의 이야
기를 들을 준비가 되어 있습니다.'라는 메시지를 인지하면 커뮤
니케이션은 좀 더 편안하게 시작될 수 있다.

코칭 리더십에서는 바로 이 자세와 경청을 가장 중요하게 여
긴다. 보통 일상생활에서는 대화의 점유율이 상호 50대 50 비율
이 이상적인 수준일 수 있다. 하지만 코칭에서는 대화의 점유율
이 코칭받는 고객이 80퍼센트, 코치의 질문이 20퍼센트일 때 이

서로 다르지만 코칭으로 함께 성장하기로 했습니다

상적이라고 본다. 코칭 리더십의 관점에서는 대화 점유율이 팀원이 60퍼센트, 리더의 질문이 40퍼센트일 때 이상적인 대화 기법이 적용되었다고 본다. 대화의 점유율이 낮으면 자연스럽게 경청할 수 있기 때문에 이를 이상적이라고 보는 것이다.

리더는 앞서 말한 경청하겠다는 태도를 가지고, 팀원들의 말을 유심히 들으며 대화를 이어가야 한다. 명령보다는 제안, 제안보다는 질문을 택해야 팀원들이 가지고 있는 창의성을 끌어낼수 있다. 더하여 본인이 가지고 있던 고정 관념을 버리는 것은물론, 적절한 리액션까지 할 수 있어야 한다. 이러한 자세와 노력이 요구되는 이유는 우리가 대화를 통해서 심리적 안정감과소속감을 느끼기 때문이다. 이는 업무적인 커뮤니케이션뿐 아니라 일상적인 스몰토크에서도 마찬가지이다. 구성원들은 리더가온전히 자신의 이야기를 들어주고, 자신에게 초점을 맞춘 질문을던져줄 때 더 많은 아이디어를 쏟아낼 수 있고, 리더와 조직에대한 신뢰를 가지게 된다.

실제로 현대모비스의 사내코치인 한 임원은 새로운 보직에서구성원들의 다른 업무 패턴에 처음 적응하면서 경청의 효과를매우 강력하게 경험했다고 한다. 코칭을 배우기 이전에는 대화를 시작하면 마음이 급해졌다고 한다. 상대의 이야기를 들으며 '이 다음에 내가 무슨 이야기를 해야 하지?' 하면서 자기 생각에 빠져 조급해졌다는 것이다. 하지만 코칭을 배운 이후에는 상대의 대화를 집중해서 듣는 것이 가장 중요하다는 걸 알았고, 실제 현장에서 구성원들의 이야기에 온전히 집중하는 것만으로도 구성원들이 감동하는 것을 직접 보았다고 한다. 나아가 구성원들이 그런 경험을 지속적으로 하게 되자 태도가 바뀌고 신뢰가 생기는 경험을 했다고 한다.

그러니 '어떻게 대화를 시작해야 할까?'를 고민하기 전에 '어떤 마음가짐으로 이야기를 들어야 할까?'를 먼저 고민해보자. 이런 태도가 구성원 모두에게 스며들면 조직 전반에 코칭적 대화의 분위기가 반드시 형성될 테니 말이다.

서로 다르지만 코칭으로 함께 성장하기로 했습니다

함께 가야 할 목적지는
어디인가

구성원들과 미팅을 하다 보면 어느새 팀이 아니라 개인에게 집중하게 될 때가 있다. 이 대화의 목적이 무엇인지 묻혀버리고 마는 것이다. 물론 조직 내에서 개인은 매우 중요하다. 하지만 개인이 조직의 목표와 얼라인되지 못하면 각자가 가진 역량은 한데 모이지 못한 채 분산될 수밖에 없고, 목표한 방향으로 팀을 이끌어가기 어렵다.

코칭의 핵심적 기능 중 하나가 가고자 하는 목표를 정확히 인지하게 만드는 것이라는 것을 앞에서 밝혔다. 즉 코칭은 팀의 목표 달성을 도와주는 목표 지향적인 프로세스이기에 면담을 하더라도 개인과 팀의 목표를 엮어서 볼 수 있도록 해주어야 한다는 것이다. 그렇기에 코치형 리더는 신뢰할 수 있는 관찰자이자 조언자로서 구성원들을 독려해야 한다. 조직의 새로운 아이디어와 팀원의 능력에 대해 지속으로 피드백을 제공하며 역량이 향상되는 전체적인 과정에 참가하는 사람이 되어야 한다. 이를 실현하기 위해서 팀원들이 어떻게 하면 성장할 수 있을지 살피고, 그에 맞는 업무 환경을 조성해야 한다.

코치는 답을 해주는 사람이 아니다

피드백 과정에서 주의해야 할 점이 있다. 가장 기본적으로는 비난이 되지 않아야 된다는 것이다. 일을 하다 보면 '왜 이렇게밖에 안 됐지?' 하는 생각이 들 때도 분명히 있다. 하지만 거기서 그치면 안 된다. '왜 이렇게 됐을까? 그렇다면 어떤 방향으로 가야 하는가?' 하는 건설적인 관점이 더해져야 한다. 그렇다고 해서 팀원에게 좋은 해결 방안이나 조언을 스스럼 없이 이야기해

서로 다르지만 코칭으로 함께 성장하기로 했습니다

서는 안 된다.

코치는 답을 정해주는 사람이 아니다. 리더가 자신의 경험을 바탕으로 온갖 노하우를 펼쳐 놓는다면 팀원들은 다른 방법을 생각해볼 여지 자체를 닫아버린다. 리더가 쉽게 "나는 그럴 때 이렇게 했더니 잘 됐어요."라고 한다거나 "대부분 이렇게 해결해요."라고 말하면 그냥 그대로만 하면 될 테니 말이다. 그나마 이 정도에서 그치면 다행이지만 팀원이 자신이 틀렸다는 좌절감을 느낄 수도 있고, '나는 그렇게 할 수 없는데……' 하는 두려움을 느낄 수도 있다.

그러니 코치는 팀원에게 먼저 해결 방안을 제시하기보다 허락을 구하는 것을 우선시해야 한다. 대화에서 상대방에게 허락을 구한다는 것은 대화의 주도권, 통제권을 넘겨주는 것과 같다. 이러한 대화 방법은 리더와 팀원이 같은 위치에 나란히 있다는 것을 먼저 인정하는 것이고, 팀원들도 리더를 함께 일하는 동료로 인식할 수 있게 만들어준다.

회의나 미팅 같은 자리에서도 허락을 이용한 대화는 빛을 발휘한다. 일방적인 질문과 답변이 오고 가는 자리인 회의에서 허락을 구하고, 질문을 주고받는 대화를 사용하면 우선적으로 화합적인 분위기가 형성된다. 강압적인 분위기를 벗어난 사람들은 긴장을 풀고 자신의 의견을 표현하는 것에 대해 부담을 덜게 된다. 이럴 때 리더가 해야 할 일은 참여가 현저하게 낮은 팀원에게도 적절하게 질문을 던져주는 것이다. 그렇게 하면 조금 주춤거리던 팀원도 자신의 의견을 내놓을 수 있다.

이때도 중요한 것은 코치가 답을 해주는 사람이 아니라는 것을 기억하는 것이다. 리더는 질문을 받았을 때 결과가 명확하게 정해진 답을 해서는 안 된다. 이렇게 하면 질문을 던졌던 팀원이 가지고 있던 수많은 해결 방안들은 들어볼 수조차 없어진다. 그러니 답변이 아닌, 방향을 제시해주어야 한다.

또한 리더는 관점의 전환을 가져올 수 있도록 상황을 재구성해주어야 한다. 앞서 살펴본 코칭적 질문에서 그 모티브를 찾을 수 있듯이 시선을 돌리도록 유도해주는 것이다. 예컨대 우리 회사가 지금 어디로 향해 가야 하는지 전략을 논의하고 있다고 가정해보자. 모두가 우리 회사의 장기적인 목표에 초점을 맞추고 있다. 이럴 때 리더는 "고객 입장에서 우리가 어떤 기대를 충족시켜주어야 할까요?"라고 시선을 옮기도록 해주는 것이다.

무엇을 더 잘할 수 있을까 고민해주는 사람

코치형 리더의 핵심적인 역할의 다른 하나는 바로 구성원이 잠재력을 발휘하도록 돕는 것이다. 이는 사실 코칭의 기본 철학 중에서도 가장 핵심적인 믿음이라 해도 과언이 아니다. 코칭 리더십이 발휘될 때의 가장 큰 장점이기도 하다.

리더는 구성원의 잠재력에 대한 확고한 믿음으로 그들을 대해야 한다. 의식적으로든 무의식적으로든 '우리 팀은 이미 그 일을 해낼 충분한 역량을 가지고 있다.', 'A선임의 기획안이 조금 더 보완되면 좋을 텐데, 분명히 잘 해낼 거야.', '그 문제를 B책임이 잘 해결할 수 있을까? 오늘 방향만 한번 같이 점검하면 분명히 좋은 해결책을 찾아낼 거야.' 같은 믿음을 장착해야 한다.

그런데 이런 믿음은 그냥 생기는 것이 아니다. 팀원들이 어떤 역량을 가지고 있는지 평소에 눈여겨보고, 그들이 더 잘 해내려면 무엇이 필요한지 고민해보는 시간이 먼저 전제되어야 한다. 그리고 이런 과정은 팀원들과의 코칭적 대화를 통해 더욱 강화되기 마련이다.

팀원의 잠재력에 대한 확고한 믿음은 과거의 업무 실적만으로 팀원을 평가하지 않고 그가 앞으로 무엇을 해낼 수 있는지에 초점을 맞추어 일을 더 잘 해낼 수 있도록 돕는 것에 집중하게 해준다. 그리고 리더가 자신을 믿고 있다는 것을 느낀 팀원은 자신감을 얻는다. 그렇게 되면 단조로운 답변이 아니라 자신의 생각을 얹은 답변을 내놓고 나아가 새로운 질문을 던지면서 자기 생각과 아이디어를 발전시키게 된다. 이 과정에서 팀원들은 서로의 질문과 답을 통해서 본인의 창의성을 키워나갈 수 있다.

무엇을 해야 가장 행복할 수 있는가

일을 하는 우리들 모두는 자신이 하는 일이 단순한 업무를 넘어 자신을 증명할 수 있는 활동이기를 바란다. 이는 리더가 코칭을 하면서 유의해야 하는 지점이기도 하다. 팀의 성장, 회사의 성장을 추구하는 동시에 구성원 개인의 자아 실현도 도와야 한다는 뜻이다.

단순히 개인의 관점에서 접근하라는 것이 아니다. 그들이 하는 일이 조직에서 어떤 의미가 있는지, 그 일을 통해 어떤 가치가 실현되는지 스스로 인지할 수 있도록 해주는 것에서 시작해야 한다. 이것이 계속하여 강조하는 개인과 조직 목표 간 얼라인의 핵심 기재이기도 하다. 리더는 물어야 한다.

"당신이 원하는 일은 무엇인가요?"

"무엇을 해내면 더 행복하고, 보람을 느끼게 될까요?"

"그 일을 통해 우리는 어디로 갈 수 있을까요?"

"일을 하면서 어떤 때 가장 보람이 있나요?"

현대모비스가 2023년 출간한 모비스인들이 행복하게 일하는 방식을 다룬 도서 《언젠가 퇴사하겠지만 행복하게 일하기로 했습니다》를 통해서도 그렇고 사내코치 제도의 활성화를 통해서도 지향하는 문화는 바로 이것이다. 우리가 무엇을 할 때 가장 우리다울 수 있는지, 가장 행복할 수 있는지, 그리하여 무엇을 이루어낼 것인지, 우리가 함께 이루고자 하는 목표가 무엇인지, 그 길에 들어서기 위해서 우리는 무엇을 함께 해내야 할지를 다같이 고민하고 찾아가는 것. 바로 그것이다. 조직에 코칭 문화를 정착시키기 위한 모비스의 노력은 모두 이렇게 하나의 과정으로 귀결된다. '우리는 무엇을 함께 이뤄낼 것인가' 하는 바로 그것 말이다.

온전한 집중의 시간,
원온원 미팅

원온원 미팅이란 조직 내 관리자와 구성원 간의 정기적인 일대일 미팅을 말한다. 원온원의 필요성을 강조한 대표적인 인물이 인텔의 전 CEO인 앤디 그로브이다. 그는 1990년대 인텔에서 일대일 대화를 강조하면서 이를 제도화했다. 그런데 과거엔 단기간에 최대의 효과를 내는 것이 우선시되어 일대일 미팅이나 코칭이 크게 주목 받지 못했지만, 현재는 장기간에 걸쳐 외부적인 요소 없이 오로지 내부에서 최대의 성과를 내는 데 가장 효율적인 조직 커뮤니케이션의 일부로 평가받고 있다.

서로 다르지만 코칭으로 함께 성장하기로 했습니다

원온원 미팅은 여러 가지 효과가 분명하다. 특히 구성원들의 정보와 아이디어가 조직의 수뇌부로 흘러가게 하는 데 효과적이다. 그렇기에 이전처럼 하나의 전략을 경영진이 조직에 지시하면 그대로 따르던 시대에는 그 가치를 인정받지 못했던 것이고, 반대로 모두의 다양한 의견과 아이디어가 모여야 구제적인 성과를 낼 수 있는 시대인 요즘에 중요성이 더욱 강조되고 있는 것이다.

원온원 미팅이 필요한 이유

조직 내 정보는 탑다운으로 흐르기도 하고, 바텀업으로 흐르기도 한다. 위에서 아래로는 비전, 목표, 전략이 흐르고, 아래에서 위로는 정보와 아이디어가 흐른다. 원온원 미팅은 바로 이 정보와 아이디어가 바텀업으로 흐르게 만드는 것이기에 이를 효율적으로 활용한다면 기업의 성장도 따라오게 마련이다. 원온원 미팅이 기업에 필요한 이유는 크게 네 가지로 요약될 수 있다.

첫째, 원온원은 리더와 팀원 간의 신뢰 관계를 형성한다.

둘째, 업무의 방향성을 유지하고, 질을 높인다.

셋째, 리더와 팀원의 상호 성장을 일으킨다.

넷째, 팀원의 몰입도를 높여 성과를 높인다.

이런 강점 때문에 최근에는 더욱 원온원 미팅을 리더십의 중요한 덕목으로 인식하는 추세이다. 그런데 리더가 팀원과 함께 개인적인 업무의 어려움, 장기적인 성장, 자기계발 등과 같은 것에 대해 일대일로 깊이 있는 대화를 나누는 원온원 미팅은 리더의 입장에서는 시간과 체력이 많이 소비되는 일이기도 하다. 왠지 효율적이지 않은 것처럼 보이기도 해서 제3자 입장에선 시간을 단축시키기 위해서 차라리 한 자리에서 두세 명의 팀원을 함께 미팅하는 것이 낫지 않을까 하는 생각이 들 수 있다. 하지만 코치들은 그러한 그룹미팅 방법을 택하지 않고 가급적 원온원 미팅을 추천한다. 현대모비스의 사내코치들 역시 이런 원온원 미팅의 중요성에 대해 더 많이 알리고 있으며, 특히 신임팀장들에겐 그 중요성과 구체적인 방법을 전하고 있다.

이처럼 코치들이 원온원 미팅을 더 강조하는 건 왜일까? 우선 사람의 심리와 관련이 있다. 리더와 팀원, 단 둘이서 미팅을 진행하는 것이 아니라 탁 트인 공간에서, 사람들이 여러 명 있는 곳에서 진행한다면 공식적인 자리가 아닌 스몰토크를 할 때도 팀원은 의도치 않게 자신이 있는 이 자리가 공식적인 자리라고 느끼게 된다. 게다가 사람이 얼마나 있느냐에 따라 미팅에 임하는 팀원의 자세도 달라진다. 같은 공간에 있는 사람의 수가 많으면 많을수록 팀원은 더욱 방어적인 태도를 보이며 미팅에 소극적으로 참여하게 될 가능성이 높다.

혹자는 이런 반응이 너무 소심한 사람이거나 권위적인 태도를 가진 리더와의 미팅에서 나타나는 것이라고 생각할 수도 있다. 그런데 사람은 누구나 타인 앞에서 자신의 이야기를 진솔하게 하기까지 많은 두려움을 극복해야 한다. 자신의 어려움을 이야기하거나 혹은 무언가 실수에 대해 이야기해야 한다면 장벽은 더욱 높을 수밖에 없다. 그리고 상대가 어떤 제안을 해도 그걸 쉽게 받아들이기 어려울 수도 있다. 이런 미팅을 통해서 자존심에 상처를 입거나 자존감이 떨어질 수도 있다. 만약 진솔한 이야기를 나눠야 할 대상이 한 사람이 아니라 여럿이라면 심리적 장벽은 더 견고해질 것이다.

일대일 미팅은 이에 비해 좀 더 편안하게 진솔한 대화를 나눌 수 있고, 서로에 대한 신뢰 관계를 형성할 수 있게 해준다. 물론 둘만 있다고 해도 팀원의 심리 상태를 파악하는 것은 필수이다.

상대에게 온전히 집중하여야 한다는 것이다. 이를 기반으로 쉽게 말문을 열 수 있는 질문부터 시작하고 점차 질문의 범위를 좁혀가야 일대일 미팅이 효과를 거둘 수 있다. 일대일 미팅은 리더의 역량이 가장 많이 요구되는 부분이자, 신뢰와 협력의 기반을 촘촘하게 다지는 과정이라 할 것이다.

더 많이 이해하고, 더 많이 나누기 위해서

모비스의 사내코치들은 원온원 미팅에 앞서 많은 준비를 한다. 아무런 준비 없이 미팅을 하면 그 미팅은 실패할 수밖에 없다. 우리가 공을 던질 때에도 어디로 날릴 것인지 목표 지점을 정한 뒤에 던지는 것과 같이 원온원 미팅도 마찬가지이다. 오늘 이 미팅에서 팀원에게 어떤 질문을 할 것인지, 어떤 목표를 정하고 임할 것인지를 확실히 계획한 후에 미팅을 시작해야 효과를 거둘 수 있다고 믿는다.

이때 코치들이 가장 주의하는 것은 조직의 목표와 구성원의 성장 목표를 유기적으로 결합시키는 것이다. 원온원 미팅의 목표

서로 다르지만 코칭으로 함께 성장하기로 했습니다

를 조직의 성장에만 둔다면 그 미팅은 효과를 거두기 어렵다는 걸 알기에 질문 역시 개인의 성장에 초점을 맞춘다. 마음의 부담을 내려놓고 답할 수 있는 포괄적 질문에서 시작해 점차 구체화시키는 방향으로 질문을 준비한다. 물론 이렇게 준비한 질문은 상황에 따라서, 상대의 이야기를 들으며 그때그때 변형해야 한다. 그만큼 코치의 역량이 필요한 일이다. 그래서 모비스의 사내 코치진들은 끊임없는 훈련과 학습을 통해서 이런 역량을 키워가고자 노력하고 있다.

원온원 미팅에서 자주 사용할 만한 질문을 몇 가지 소개한다.

먼저 아이스 브레이킹을 위한 스몰토크를 하면 좋다. 스몰토크의 주제는 팀원이 가지고 있는 소지품에 관심을 기울이거나, 취미, 특기, 좋아하는 것, 날씨나 음식, 최근의 사회적 이슈나 트렌드 같은 것들이다.

- 요즘 즐기는 취미나 배워보고 싶은 것이 있나요?
- 책을 많이 읽는 거 같던데 요즘은 어떤 책 읽어요?

다음으로는 업무 전반이나 업무 환경에 대한 질문으로 이어가면 좋다.

- 최근 회사에서 있었던 일 중에서 가장 즐거웠던 건 무엇인 가요? 업무에서는요?
- 어떤 일을 할 때 가장 흥미를 느끼고 재미있나요?

이런 방식으로 개인적인 영역에서 먼저 포괄적인 질문을 던지고, 자신의 이야기도 가볍게 전달하면서 점진적으로 핵심 질문으로 이끌며 원온원 미팅을 진행하는 것이 좋다.

한 가지 더 기억할 것은 침묵을 두려워하지 말라는 것이다. 리더가 아무리 편안하게 질문을 던진다고 해도 팀원이 바로 입을 열지 않을 수도 있다. 그럼 얼마간 적막이 흐를 수도 있다. 대부분의 사람들은 이 적막이 불편하다. 그래서 기다리지 못하고 리더가 먼저 말을 꺼내기도 한다. 그런데 문제는 이렇게 하다 보면 결국 팀원은 자신이 말하지 않아도 된다고 생각하면서 입을 닫아버리고 원온원 미팅이 빨리 끝나기를 바라게 될 수도 있다는 것이다. 긴 침묵이 이어진다면 좀 더 기다려주거나 한 번 더 질문을 해주면 된다.

서로 다르지만 코칭으로 함께 성장하기로 했습니다

원온원 미팅을 할 때 말의 비중은 앞서 코칭 리더십의 관점에서 소개한 대화 점유율처럼 팀장이 40퍼센트, 팀원이 60퍼센트 정도를 권장한다. 리더가 질문을 통해 팀원들의 이야기를 끌어낼 때 비로소 자신의 생각을 풀어놓을 수 있고, 그렇게 자신의 이야기를 하면서 곰곰이 생각하다 보면 지신의 아이디어를 좀 더 구체화시켜 말할 수 있게 된다. 그리고 그 안에 새로운 생각과 아이디어가 담길 확률은 훨씬 더 높다. 또한 대화를 하면서 서먹했던 처음과는 달리 긴장감이 줄어들면 차츰 말을 하는 것에 대한 두려움도 사라진다.

실제로 모비스의 사내코치인 한 실장은 처음 구성원들과 미팅을 할 때 적막함을 극복하는 것이 가장 어려웠다고 고백하기도 했다. 하지만 코칭을 배우면서 익힌 대로 조금 더 기다리고, 다시 질문을 던지면서 미팅을 이어가다 보면 반드시 팀원이 화답한다는 것을 경험했다고 한다. 또한 이 미팅을 통해 '아, 이 팀원에게 이런 면이 있었구나. 내가 알고 있던 것과는 많이 다르네.', '이 아이디어는 발전시키면 정말 좋겠다.' 하는 순간을 많이 만났다고 한다. 그러니 일단은 질문하고 기다리자. 그것이 훨씬 더 효과적이니 말이다.

지속적인 관심이 중요하다

한 명이 아닌 조직 전체를 담당하는 리더는 원온원 미팅의 간격을 효율적으로 정해놓아야 한다. 매일매일 진행되는 미팅이 아니기에 리더는 팀원과 자신의 스케줄을 조율하며 컨디션에 무리가 가지 않도록 하는 것이 중요하다. 원온원 미팅은 한 명 기준 일주일에 한 번, 30분에서 1시간이면 충분하다. 미팅 날짜를 정했다고 해서 꼭 정해진 날만 리더에게 피드백이나 도움 요청을 할 수 있는 것은 아니다. '정해진 날은 꼭 일대일로 미팅을 진행하자!' 같은 리더와 팀원 간의 약속이라고 생각하면 된다.

　마찬가지로 미팅을 진행하는 모든 팀원이 미팅을 진행하는 주기까지 같을 필요는 없다. 하이브리드 방식으로 A팀원은 일주일에 한 번, B는 격주에 한 번 미팅을 진행해도 되겠다고 판단되면 그대로 진행하면 된다. 자주 보고 피드백을 해줘야 할 팀원은 간격을 짧게, 자주 보지 않아도 회사 일에 대해 어느 정도 적응한 팀원은 간격을 여유 있게 설정하면 된다. 단, 구성원 개인 간의 미팅 시간이 눈에 띄게 차이가 나서는 안 된다. 조직에서 소외된 사람 없이, 비슷한 시간을 할애하여 조직 전체가 리더의 도움을 받을 수 있도록 하는 것을 목표로 삼아야 한다.

원온원 미팅을 마친 후에도 리더는 지속적인 관심을 기울여야 한다. 미팅에서 팀원과 주고받은 질문 내용을 바탕으로 팀원의 행동을 관찰해야 다음 번 원온원 미팅에서 팀원에게 필요한 질문을 준비할 수 있다. 이런 과정을 반복하다 보면 다음과 같은 효과를 거둘 수 있다.

첫째, 업무의 명확한 방향성 유지와 업무 능력 향상

둘째, 리더와 팀원 간의 상호 의존 관계 형성

셋째, 조직의 높은 업무 성과

하지만 이 효과들이 단순하게 원온원 미팅을 진행한다고 해서 조직에 나타나진 않는다. 미팅이 효과를 거두기 위해서는 우선적으로 팀원을 인간적으로 존중하고 팀원들이 겪고 있는 문제에 대해서 리더가 함께 해결해주려는 노력을 보여주어야 신뢰와 믿음이 생겨 효과도 나타난다.

물론 코칭을 배웠다고 해서 모든 리더가 단번에 이런 역량을 발휘하기는 어렵다. 그렇기에 리더 역시 이 과정에 대한 고민을 풀고, 자신의 리더십 역량을 더욱 높이는 노력을 기울여야 하고, 이를 위한 지원을 받아야 한다. 그래서 현대모비스의 신임팀장들은 원온원 미팅 이후 일대일 코칭을 받으며 변화를 공유하기도 하고, 선배 팀장과의 일대다 멘토링을 통해 리더십 역량을 강화하기 위한 노력을 기울이고 있다.

서로 다르지만 코칭으로 함께 성장하기로 했습니다

원온원 미팅에서 활용할 만한

질문 예시

앞에 소개한 포괄적인 질문으로 원온원 미팅이 이루어진 이후에 업무 영역으로 이어갈 때 활용하기 좋은 질문을 몇 가지 소개한다. 사내코칭을 진행하면서 이런 질문들이 실질적인 효과를 거두는 것을 확인한 바 있다.

업무 진행 관련 주제에 좋은 질문

목표 설정 후 첫 번째 원온원

- 올해 기대하는 목표는 무엇인가요? 지난해에 비해 무엇이 달라지면 좋을까요?

- 어떤 모습이 되면 ○○님이 하고 있는 그 계획들이 잘 진척되고 있다는 걸 알 수가 있나요?
- 그 목표는 팀과 ○○님께 어떤 의미가 있나요?

이후 원온원
- 지난 원온원부터 지금 시점까지 진행한 업무에 대해 어떤 성과와 발전이 있었나요?
- 업무를 진행하면서 가장 어려웠던 점이나 고민거리는 무엇이었나요?
- ○○님이 좀 더 잘 하려고 하는 부분들 중에서 제가 도와줘야 할 부분은 어떤 것이 있을까요?

연말 성과평가를 위한 원온원
- 올해 목표는 무엇이었나요?
- 목표한 것을 어느 정도 이뤘나요?
- 내년에는 어떤 부분을 더 성장시키고 싶나요?

개인 성장에 대한 질문
- 지금 맡고 있는 역할 또는 업무를 통해 ○○님은 성장하고 있다는 생각이 드나요?
- (성장하고 있다거나, 그렇지 않다는 대답에 대해) 그런 생각이 드는 이유는 무엇인가요?
- ○○년 후 어떤 분야의 전문가가 되고 싶은가요?

조직 문화 관련 주제에 좋은 질문

팀 및 조직에 대한 의견 요청

- 우리 회사 또는 우리 팀이 생산성과 효율성을 높이기 위해 개선해 볼 포인트가 있다면 어떤 것인가요?
- ○○님의 성과와 성장을 위해 우리 조직은 어떤 변화가 필요할까요?

리더에 대한 피드백 및 의견 요청

- 제가 ○○님을 포함해서 팀원들과 더 좋은 소통을 할 수 있으려면 어떤 부분에 좀 더 집중해야 할까요?

원온원을 마무리할 때 좋은 질문

- 오늘 함께 한 원온원은 어땠나요?
- 오늘 이야기 나눈 내용을 다시 정리해볼까요?
- 추가적으로 하고 싶은 이야기가 있나요?

팀원들에게
코칭을 전파하고 싶다면

팀장은 팀원의 다양한 의견을 잘 수용하면서 팀을 조화롭게 이끌어가는 리더이다. 여기 30명 가까운 팀원을 이끌어가야 하는 팀장이 있다. 그가 "우리 팀에서는 이제부터 개인별 코칭을 진행할 겁니다. 참여하세요!"라고 했을 때 모두가 그의 의견에 동의하면서 참석할까? 안타깝지만 그런 일은 일어나지 않는다. 특히 업무와 상관없어 보이는 코칭을 하겠다는 팀장에 대해서 생각보다 많은 반감을 가질 수도 있다. 팀원의 입장에선 해야 하는 업무가 줄어든 것도 아닌 상황에서 업무와 관련 없는 귀찮은 일이

서로 다르지만 코칭으로 함께 성장하기로 했습니다

또 생긴 것이라고 생각할 수도 있기 때문이다. 그러면 당연하게도 '내가 왜?'라는 물음표가 머릿속에 생길 수밖에 없다. 직설적으로 말하면 정말 굳이 왜 해야 하는지 모른다. 사실 자신에게 도움이 되는, 자신이 편해질 수 있는 제안이 아닌 이상 모든 것이 다 귀찮은 업무가 될 수도 있다.

팀원 대부분은 팀장의 갑작스러운 '코칭합니다!'라는 말에 어깨가 무거워지거나 한숨이 나오는 정도로 마무리될지도 모른다. 하지만 모든 의욕이 뚝 떨어질 정도로 반감을 가지는 팀원도 있을 수 있다. 스트레스가 어느 정도를 넘어서면 번아웃이 오는 것처럼 너무 심한 반감은 팀원이 팀에서 이탈하게 만든다. 여기엔 절대 '하면 다 적응된다.'라는 말을 적용시키면 안 된다. 만약 매우 부정적인 반응을 보이는 팀원이 있는데도 막무가내로 밀고 나간다면 팀원들이 하나둘 우수수 사라질 가능성이 크다.

팀원이 자주 교체되는 팀은 고정된 멤버로 업무를 진행한 팀보다 성과가 낮다. 개개인의 성과가 모여 팀 성과를 내기에 반드시 팀워크가 필요하다. 그렇다고 좋은 팀워크가 짧은 시간 동안 뚝딱 만들어질 수 있을까? 아쉽게도 쉽지 않은 것이 현실이다. 소위 말하는 '척하면 척'이 되려면 적어도 3~5년은 필요하다.

그러니 팀장은 팀원의 부정적인 반응을 체크한다면 곧바로 코칭에 들어가기보단 한 걸음 물러서서 의견을 물어보는 게 더 좋은 방향일 수 있다.

중요한 건 꺾이지 않는 마음

무리하게 진행한 코칭은 팀원에게만 안 좋은 것이 아니라 팀장에게도 좋지 않은 영향을 준다. 말한 것처럼 팀의 성과가 낮게 나오거나 팀의 유지가 힘들어질 수도 있고, 스스로 팀장으로서의 능력에 대해 물음표를 가지게 만들 수도 있기 때문이다. 대부분의 사람들은 자신감 있게 시작한 일이 기대와는 다른 결과를 가져왔을 때 자신의 능력에 대해 의구심을 가지게 마련이다.

의욕적으로 팀원들과의 코칭을 시도했음에도 불구하고 팀원들의 변화가 잘 일어나지 않으면 자신의 능력이 부족하거나 코칭 프로그램은 자신의 팀과 맞지 않다고 판단하여 코칭을 포기하게 될 수도 있다. 그런데 이건 사실 하나의 장애물을 만난 것에 불과하다. 실제로 사내코칭을 진행하면서 이런 한계 상황에

서로 다르지만 코칭으로 함께 성장하기로 했습니다

부딪히는 경우를 많이 만날 수 있었다.

이럴 때 필요한 건 꺾이지 않는 마음이다. 어디든 갑작스러운 변화가 일어나면 반감을 가지는 사람이 생기는 건 자연스러운 반응이다. 이럴 때 코치는 '그럴 수 있다.'라고 생각하는 인내심을 가지고, 어떻게 이 상황을 돌파할 것인지를 고민해야 한다.

꾸준함이 답이다. 단번에 모든 것이 달라질 수 없다. 팀원들을 잘 이해하고, 그들의 이야기에 더 귀를 기울이는 코치형 리더로서의 자세를 꾸준하게 유지해야 한다.

진정한 하나의 팀이
되기 위하여

팀은 하나의 목표를 추구하지만 팀이라는 이름으로 묶여 있다고 해서 구성원 모두가 한마음이 되는 것은 아니다. 리더는 구성원 각각의 성향을 제대로 이해하고, 이를 모아 한 방향으로 갈 수 있도록 방향성을 제시하고, 각자의 내적 동기까지 북돋아야 하는 과제를 안고 있다. 그런데 구성원들의 내적 동기를 북돋는 것은 리더 한 사람의 노력만으로는 부족하다. 리더가 아무리 의욕적으로 팀워크를 다지고, 하나의 팀으로 만들어가고자 노력한다고 해도, 리더와 구성원, 구성원과 구성원 사이에 이해와 신뢰가 쌓이

서로 다르지만 코칭으로 함께 성장하기로 했습니다

지 않으면 어려운 게 사실이다. 현대모비스 사내코치진은 실제로 현장에서 리더들과의 일대일 코칭을 진행하면서 리더십 관련 고민을 해결하는 것만으로는 부족하다는 인식을 가지게 되었다. 개인을 넘어 조직을 대상으로 하는 전환이 필요하다는 관점의 변화가 일어난 것이다.

이에 모비스에서는 팀빌딩 워크숍을 전임코치진이 주관하여 진행하게 되었다. 팀빌딩 워크숍의 목적은 결국 팀원들 각자가 자기 자신을 제대로 이해하고, 다른 팀원들도 제대로 이해하도록 도움으로써 서로 간의 소통을 좀 더 원활하게 할 수 있도록 하기 위해서이다. 이렇게 된다면 팀워크가 생길 것이고 자연스럽게 원하는 성과를 얻을 수 있을 거란 기대가 있었다.

팀빌딩의 기본은 서로에 대한 이해이다

현대모비스는 개인 코칭을 넘어 조직적 관점의 코칭이 필요함을 인식한 후 진단 기반의 팀빌딩 워크숍을 준비하였다. 그리고 2022년 하반기부터 MBTI, 강점 진단, 버크만 진단 등을 통해 자기 자신에 대해 이해하고, 나와 구성원들의 차이를 인식하여 상호 소통하도록 돕는 워크숍을 진행하기 시작하였다.

워크숍을 진행하자 신청하는 팀이 많았는데 이중 신임팀장이 부임한 경우나 신규 조직, 조직 개편이 많았던 팀처럼 온보딩이 필요한 경우를 우선적으로 지원하였다. 여기에서 중요한 것은 신청하는 팀 중에서 지원 대상 팀을 선정한다는 점이다. 다른 기업들은 이런 프로그램이 있으면 탑다운 방식으로 진행되는 경우가 많은데 모비스에서는 리더들이 신청하는 경우에만 선정하여 지원하고 있다. 이렇게 하는 까닭은 앞서 강조한 대로 코칭은 자발성이 기반이 되어야 효과를 거둘 수 있기 때문이다.

팀빌딩 워크숍은 4~6시간 정도 원데이로 진행되는데, MBTI와 버크만 진단 프로그램은 4시간, 강점 진단 프로그램은 6시간 정도 진행된다. 초창기만 해도 전임코치진이 구성된 지 얼마 되지 않았을 때라 사외코치를 초빙해 진행하여 2022년에는 36차수를 진행했고, 2023년부터는 전임코치진이 전담하게 되면서 114차수, 2024년에는 9월까지 100차수 정도 진행되었다. 전임코치진이 담당하면서 억 단위의 비용 절감이 이뤄졌고, 지원 차수도 대폭 늘어났다. 무엇보다 사외코치에 비해 직무 이해도가 높다 보

서로 다르지만 코칭으로 함께 성장하기로 했습니다

니, 실시간 밀착 지원이 가능해졌다.

팀빌딩 워크숍은 가시적인 성과로 이어졌는데, 진행했던 팀들은 전반적인 조직 문화 진단 점수가 향상되는 성과를 거뒀다. 20개 팀에 대한 컬처서베이 결과 2022년 대비 11.1점이 올랐고, 30개 팀의 다면평가 점수도 3.9점이 상승하는 효과를 거뒀다. 이런 수치 외에도 워크숍에 참석한 팀원들끼리 "너는 이게 강점이잖아. 네 강점은 이런 거잖아."라며 서로의 존중할 점을 능동적으로 찾아주면서 이야기하게 되니 전반적인 분위기가 달라지고, 서로의 의견을 더 많이 듣고자 노력하는 분위기로 바뀌었다.

하나의 목표, 하나의 마음으로

이처럼 가시적인 성과까지 나타나니 현대모비스의 팀빌딩 워크숍에 대한 관심은 조직 내에서 상당히 폭발적이었고, 리더들의 관심도 더욱 커졌다. 전임코치진들 역시 이런 관심과 기대에 대해 알고 있기에 더 다양한 방식으로 지원에 나섰다.

특히 2024년의 경우에는 팀코칭으로까지 발전이 이루어졌다.

팀코칭은 팀에서 가지고 있는 리얼 이슈들을 해결하기 위해서 다회기로 만나는 세션이다. 팀마다 처한 상황도 각기 다르고, 원하는 방향성도 모두 다르기 때문에 리얼 이슈들은 각양각색이었다. 어떤 조직은 모호한 비전이 문제가 되었고, 어떤 팀은 리더의 리더십 발휘가 부족한 경우도 있었다. 혹은 팀원들 간의 소통이 어렵다는 문제를 가지고 있는 경우도 있었다.

팀코칭은 이런 여러 가지 문제들을 해결하기 위해 팀워크숍을 통해 먼저 서로를 이해하는 시간을 가지는 세션, 리더의 일대일 코칭을 통해 팀빌딩 워크숍에서 좋았던 부분을 점검하고, 어떤 걸 구체화하여 개선하면 좋을지를 논의하는 과정, 마지막으로 팀 단위의 팀코칭을 실시하는 과정을 통합하여 진행하고 있다.

다회기로 진행되는 팀코칭은 1회기에는 나에 대한 이해, 팀원에 대한 이해, 그리고 팀 내 갈등 상황에 대해 인식하도록 한다. 2회기에는 팀 내 갈등 상황의 원인을 파악하고, 그라운드 룰을 정하도록 안내한다. 3회기에는 실행 경험들을 공유하고, 팀 문화로 정착될 수 있도록 안내한다. 즉 팀코칭은 문제의 원인도 스스로 파악하고, 코칭적 대화를 통해 어떻게 이것을 해결할지 구성원들이 함께 고민하도록 안내함으로써 팀 구성원 스스로 변화를 모색하고, 지속하도록 하는 것이다.

이처럼 모비스에서는 팀빌딩, 팀코칭 등을 지원함으로써 코칭 문화가 조직에 더 많이 적용되고, 자리 잡을 수 있도록 다양한 시도를 계속하고 있다. 특히 2024년에는 R&D 조직이 대팀제로 변화가 있었기에 다양한 방식의 팀빌딩 프로그램을 R&D 인사팀과 협업하여 지원하였다. 몇 가지 프로그램을 소개하면 다음과 같다.

첫째, 더 미션은 팀게임 등을 통해 빠르게 팀워크를 형성하도록 하는 프로그램으로 팀원들이 함께 미션을 수행하면서 협업의 즐거움이나 효과를 몸소 체험하도록 하는 워크숍이다. 이는 조직의 변화가 있는 팀에서 효과적으로 활용하기 좋은 방식인데 실제로 현대모비스 R&D 부서의 여러 팀이 하나의 팀으로 개편된 이후에 더 미션 프로그램을 지원하기도 하였다.

둘째, 팀 스케치는 말 그대로 팀의 미래 모습을 스케치해보는 프로그램이다. 코치와 대화를 나누면서 팀원들이 함께 팀의 미래 모습을 그려보고, 함께 나가야 할 방향성과 목표를 찾는 프로그램이다. 이렇게 함께 팀의 방향성을 설정하면 팀의 목표가 나의 목표와 얼라인되는 데 더욱 효과적이다.

셋째, 금쪽상담소는 협업에 대한 고민을 하고 있는 팀을 지원하는 프로그램으로 이디스크eDISC 툴을 활용해 팀원 개인과 팀의 성향을 진단하고 이해를 높여 현명하게 협업할 수 있도록 돕는다.

넷째, 그라운드 룰 워크숍은 각각의 팀에 맞는 적절한 일하는 방식을 정립하기 위한 프로그램이다. 사실 일하는 방식은 모두가 동일할 수 없다. 그 기준도 다르다. 누군가에게는 A가 기본인데, 누군가에게는 B가 기본인 경우도 있다. 그런데 이렇게 되면 서로 소통하는 데 문제가 될 수 있다. 그라운드 룰 워크숍은 바로 이런 차이가 생기지 않도록 팀이 협업하는 데 필요한 일하는 방식을 함께 정하는 프로그램이다.

이런 모든 프로그램은 우리가 하나의 팀을 향해 가는 여정에서 코칭이 효과적으로 적용될 수 있다는 믿음에 기반한 것이다. 하나의 팀이 된다는 것은 나와 구성원에 대한 이해가 밑바탕이 되어야 한다. 결국 사람에 대한 이해가 기본이라는 것을 다시금 확인하는 과정이기도 하다.

서로 다르지만 코칭으로 함께 성장하기로 했습니다

탁월한 성과는
어떻게 탄생하는가

앞서 팀원들과의 신뢰 관계를 형성하고 유지하기 위해서는 무조건 업무에만 맞추어진 초점을 개인으로 옮겨야 한다고 밝혔다. 직급이 높은 사람들은 대개 올바른 일, 이를 추진하는 효율적인 방법. 높은 성과처럼 업무에 관련된 것에만 초점을 맞추기 쉽다. 물론 일의 능률과 성과를 올리는 것 역시 리더가 꼭 해야 할 일이다. 하지만 이것만으로는 부족하다.

국제코칭연맹은 "모든 사람은 창조적이고, 자원이 풍부하며, 전인적이다."라는 철학을 가졌다. 이는 일뿐만 아니라 그 일을 하는 사람 자체의 가능성과 발전에 더 초점을 두고 있다는 의미이다. 개개인을 바라보며 그들의 특성, 성격, 관계 등 차이점을 존중하고 이해하는 과정에서 팀코칭은 업무의 방법과 팀원들의 협력을 증진시킬 수 있다.

리더가 업무에 초점을 맞추는 것을 뛰어넘는다는 의미는 팀을 '그룹'으로 보지 않는다는 뜻이다. 얼핏 보기에 팀과 그룹이 뭐가 다를까 하고 생각할 수도 있다. 물론 두 단어의 사전적인 뜻은 다르지 않지만 그룹은 업무가 주어지면 일시적으로 모였다가 해체되는 형태이고, 팀은 고정된 상태에서 업무를 지속적으로 수행하는 형태이다. 그런데 이들의 차이는 단순히 이합집산의 기간이나 형태만은 아니다. 그룹은 일단 프로젝트의 성사만을 목적으로 한다. 그러니 단기적이며, 지속적인 자기 성장의 관점, 미래의 방향성에 대해 공유하지 않는다. 하지만 팀은 지속 가능한 발전에 초점을 맞추고, 현재의 성과뿐 아니라 미래의 발전 가능성에 관심을 기울인다. 이때 구성원은 개별로 존재하는 것이 아니라 각자의 목적을 가지고 있으면서도 한 방향을 향해 함께 항해하는 공동체로 존재한다.

서로 다르지만 코칭으로 함께 성장하기로 했습니다

우리는 서로를 책임지는 존재이다

이처럼 팀이라는 형태에 대한 이해가 수반된다면 팀에서의 개인의 역할과 역량에 대해서도 함께 고민해보게 된다. 팀코칭에서 리더와 팀원 모두가 각 개인을 존중하는 것도 중요하시만 각자의 책임감이 떨어진 상태라면 팀코칭의 과정은 더 나아갈 수 없는 정지 상태가 되고 만다. 그만큼 팀은 이를 구성하고 있는 개개인이 책임감을 가져야 제대로 기능하고, 성장할 수 있다. 여기서 책임감을 갖는다는 말은 업무를 수행하는 팀원 스스로가 '내가 아니면 안 되는 일을 하고 있다.'라고 인식하거나 '이 일이 제대로 수행되려면 내가 적극적으로 의견을 내야 해.'라고 생각한다는 의미이다. 팀원이 이렇게 업무에 대한 책임감을 가지면 이는 일을 지속할 원동력이 된다.

우리는 흔히 개개인이 탁월할 때 더 나은 성과를 얻을 수 있다고 믿는다. 한 팀에 유능한 인재가 많을수록 그러하다고 말이다. 물론 개인의 탁월함은 높은 성과를 내는 데 아주 유리한 조건이다. 하지만 그것만으로는 부족하다. 팀원들이 자신의 일에 대한 책임감을 가지고, 내가 팀에서 매우 중요한 역할을 하고 있다는 자긍심을 가질 때 비로소 심리적인 안정감을 가질 수 있다. 그래야만 제대로 성과를 낼 수 있다. 그리고 리더인 코치는 이 점에 주목해야 한다.

현대모비스의 사내코치들은 성과와 팀을 분리하여 생각하지 않는다. 팀원들의 심리 상태, 그들의 니즈, 가치관이 모두 성과로 직결된다는 것을 안다. 실제로 사내코치 양성 과정을 통해 코칭을 배운 한 실장은 코칭을 통해 팀원들 간에 쌓여 있던 오해를 풀고, 서로에 대한 책임감을 채워주자 팀의 성과가 달라지는 경험을 했다고 한다.

조직이 구성원들의 행복을 추구하기 위해 그들의 이야기에 귀를 기울이고, 다양한 전략을 시도한다고 해서 곧바로 행복한 일터가 되는 것은 아니다. 조직의 시스템은 그저 기반일 뿐이다. 결과를 만들어가는 것은 구성원이 일터에서 겪은 긍정적인 경험이다.

긍정적인 경험은 단순히 보너스나 휴가 같은 보상보단 공정성, 존중, 신뢰, 동료와의 협력 관계 등에 의해 만들어진다. 특히 동료와의 협력 관계가 긍정적인 직원 경험을 만든다는 것은 직장에서 자신의 진심을 나눌 수 있고 함께 목표를 추구할 수 있는

서로 다르지만 코칭으로 함께 성장하기로 했습니다

동료의 유무가 팀원들의 동기에 영향을 많이 미칠 수 있다는 뜻이다. 그렇기에 팀코칭의 목적은 말 그대로 원팀을 만드는 것이 되어야 한다.

Chapter 4

코칭은 성장의

필수 조건입니다

회사 문화에 잘 적응하고 싶은
신입사원에게

소개한 대로 국제코칭연맹에서는 코칭 철학을 "모든 사람은 온전하고, 해답을 내부에 가지고 있고, 창의적인 존재로 본다."라고 정의한다. 이런 관점에서 볼 때 코칭의 원칙은 세 가지로 살펴볼 수 있다.

첫째, 사람에게 필요한 답은 모두 그 사람이 가지고 있다.

둘째, 사람은 무한한 잠재력을 가지고 있다.

셋째, 해답을 찾기 위해서는 파트너가 필요하다.

현대모비스의 사내코치들은 이런 관점으로 구성원과 회사 모두가 성장하길 바라는 마음으로 임하고 있다. 여기에서는 지금까지 사내코치들이 만난 다양한 사내 고객들의 코칭 사례를 통해 직원들이 어떻게 자신의 내적 질문에 대한 답을 찾아갔는지를 살펴보고자 한다.

모든 사람은 각기 다른 특성이 있기에 이 사례들이 모두에게 통용되는 것은 아닐지도 모른다. 그럼에도 이 사례들을 살펴보는 것은 모비스 직원들은 물론 사내코칭 문화에 대한 여러 도전을 해나가고 있는 모든 조직에 도움이 될 것이라 믿는다.

가장 먼저 아직 사회생활이 익숙하지 않거나 조직 문화에 적응하지 못하고 있는 신입사원들을 코칭한 사례를 살펴보자.

빨리 적응해서 능력을 맘껏 펼쳐 보이고 싶어요
조직에 잘 적응하고 싶은 당신에게

신입사원 A님이 처음 코칭룸의 문을 열고 들어왔을 때의 눈빛은 호기심으로 가득했다. '회사에 이런 곳도 있네.' 하는 표정이었다. A님은 팀장님이 코칭이 좋다고 해서 솔깃했고, 회사에서

서로 다르지만 코칭으로 함께 성장하기로 했습니다

지원해주는 시스템을 알고 싶은 마음에 코칭을 신청한 경우였다. 그는 코칭 플랫폼의 코칭신청서에 자신의 주제를 '회사에 빠르게 적응하기'라고 적었다.

"2023년 12월 입사한 이후 회사에 되도록 빨리 적응하고 싶은 신입사원입니다. 아직 환경도 낯설고, 업무도 낯설고, 실수할까 봐 두렵기도 합니다. 그래도 최대한 제 능력을 잘 펼쳐서 주어진 일을 잘 해내고 싶습니다. 회사에 빠르게 적응하려면 어떻게 해야 될까요?"

A님은 대부분의 신입사원이 가질 만한 두려움을 안고 있었다. 신입사원들은 적응하는 단계이기에 뚜렷한 성과가 보이지 않는 상태라 자신이 일을 잘 하고 있는지 반신반의하게 된다. A님도 마찬가지였다. 그는 대학 때까지는 리더 역할도 하면서 교우관계도 좋았고, 교내 기자로 활동해본 자신감을 가지고 있었지만 지금은 모든 것이 낯설다고 했다.

대부분의 신입사원은 회사에 적응을 잘 하는 것만으로도 훌륭하게 업무를 수행하고 있는 것이다. 하지만 성과를 생각하면서 조바심을 내는 경우가 의외로 많다.

A님은 누군가의 응원을 바라는 눈빛으로 코치를 보고 있었

다. 그에게 이런 질문을 던졌다.

"A님 인생의 버킷리스트는 뭔가요?"

곰곰 생각하던 A님은 몇몇 버킷리스트를 적어갔다. 그가 작성한 버킷리스트를 함께 살펴보면서 그의 미래 모습을 같이 그려보았다.

"1년 후, 5년 후 A님은 어떤 모습으로 성장해 있고 싶나요?"

"10년 후 회사 동료들에게 어떤 인정의 말을 듣고 싶나요?"

신입사원 A님은 자신의 1년 후 모습을 그려보았다. 그리고 자신이 조직에 잘 적응하고 몇 년 후 모습은 회사에서 인정받는 중간 리더가 된 모습을 그려갔다. 이처럼 회사에서 자신이 원하는 모습과 개인적으로 원하는 미래 모습을 그려봄으로써 고객이 바라는 자아상을 같이 공감할 수 있었다. 질문과 함께 고객이 원하는 미래 모습을 그려보면서 코칭은 1회로 마무리된 케이스이다. 1회기에는 코칭의 목표가 달성했을 때 궁극적으로 자신이 나아가고 싶은 방향, 즉 자신의 북극성을 확인하고 마무리하는 것이 좋기에 그것 또한 체크했다.

코칭을 마친 신입사원 A님은 이런 소감을 남겼다.

"당장 눈앞의 현실만이 아닌 나의 미래 모습을 그려볼 수 있어서 시야가 넓어진 느낌이 들었습니다. 코칭을 통해 지금은 누구나 겪는 적응 시기라 생각하게 되었고, 조급한 마음에서 벗어나 조금은 여유로운 마음을 얻게 되었습니다."

여러 회를 진행한다면 효과는 당연히 더 커지겠지만 단 한 번으로도 코칭은 이렇게 넓은 시각과 여유로운 마음을 가시게 해주는 매개체가 될 수 있다.

회의할 때 입을 열기가 너무 두려워요
자기 의견을 이야기하기 어려워하는 신입사원에게

B님은 입사한 지 1년이 조금 지난 신입사원이었다. 그는 처음 근무하던 부서에서 겨우 적응할 무렵 조직 개편으로 인해 자의 반, 타의 반으로 다른 사업장에 전환 배치된 경우였다. 그는 겨우 적응할 만해졌는데 다시 새로운 팀에서 새로운 팀원들과 적응하는 것도 두렵고, 새 팀원들과 나이 차이도 많이 나서 그들이 업무적으로 기대하는 수준에 자신의 실력이 충족되지 않는 느낌이 든다고 했다.

"제가 전문성이 없는 상태에서 제 의견을 이야기하기가 어렵습니다. 어떻게 적응을 잘 하고 어려워하지 않으면서 소통할 수 있을까요?"

그의 첫 번째 코칭 주제는 소통에 관한 것이었다.

코치의 입장에서 봤을 때 B님은 입사한 지 얼마 되지 않았음에도 불구하고 새로운 팀에 배치된 환경으로 인해 스스로를 신입이라고 생각하기보다는 새로운 팀에 들어왔다고 생각하는 듯했다. 그래서 경력자 마인드로 무엇으로든 팀의 기대에 부응해야 한다는 선한 의도를 가지고 있었다. 하지만 그 사고에 너무 갇혀서 자기 자신을 힘들게 하고 있는 상황으로 보였다. 코칭을 진행하면서 B님이 이런 생각을 하게 된 특별한 실제 상황을 생각하도록 하면서 다양한 방향으로 질문을 던졌다.

"새로운 팀에 배치된 다음 B님의 심정은 어땠나요?"

"팀원들이 B님에게 어떤 것을 기대한다고 느꼈나요?"

"B님은 다른 사람들에게 어떤 사람으로 보이고 싶나요?"

이런 질문에 답하면서 B님은 미래에 자신이 상사, 동료, 선후배 등 주변 사람들과 편안하게 좋은 관계를 맺고 있는 모습을 그렸다. 또 업무적으로도 자신이 맡은 고유 영역에서 전문가의 면

서로 다르지만 코칭으로 함께 성장하기로 했습니다

모를 발휘하는 모습을 그렸다. 이렇게 자신의 미래 모습을 그려 낸 B님은 표정부터 바뀌었다. 코칭을 통해 자신이 원하는 미래를 상상해보는 것만으로도 현재를 초월하는 느낌을 받은 듯했다. 그리고 궁극적으로 추구할 목표를 그린 것 같은 긍정적 표정 변화를 느낄 수 있었다. 고객의 생각이 어느 정도 획정된 것을 인식한 후 다음 질문을 했다.

"B님이 기대하는 미래에 자신의 역할을 충실히 했을 때 주변 동료들은 어떤 반응을 보이나요?"

B님은 주변의 기대에 부응한 자신이 인정받는 모습을 그려냈고, 그러면서 표정이 한층 더 부드러워지고 평온해졌다. 변화된 표정이 감지되었을 때 그에게 곧바로 피드백을 해줬다.

"지금 뭔가 표정이 달라지셨어요. 지금 자신의 내면 변화가 어떤 것인지 저에게 나눠주실 수 있을까요?"

신입사원 B님은 이렇게 답했다.

"편안해졌어요. 정말 동료들과 좋은 관계를 맺고, 내가 전문가로 성장해 있는 모습을 그리니 안도가 됩니다."

다음 단계의 코칭으로 이런 질문을 던졌다.

"그럼 그렇게 성장해 있는 나를 만나기 위해 올해 나는 무엇에 집중해야 할까요?"

"이번 주는 당장 무엇부터 시도해보고 싶으세요?"

B님이 자신이 원하는 모습을 향해 가기 위해 무엇을 실행해야 할지 다양한 관점으로 비춘 질문을 던짐으로써 그 스스로 실행 계획과 마음가짐을 탐색하게 한 것이다. 이에 대해 B님은 자신의 생각과 태도를 긍정적으로 가지도록 노력하겠다고 답했다. 이런 그의 변화를 보며 다시 물었다.

"원하는 모습으로 살고 있는 미래의 내가 지금의 나에게 뭐라고 이야기해줄 것 같아요?"

"쫄지 마라! 잘 하고 있다!"

우렁차게 말하는 그의 표정부터가 당당하고 자신감이 차오르는 것이 느껴졌다. 현재의 자신이 잘 하고 있다는 생각으로 전환된 것을 확인할 수 있었다. 이어서 동료의 입장으로 관점을 돌린 질문을 던졌다.

"신입사원 동기가 나와 같은 상황에 처했다면 어떤 말을 해줄 것 같나요?"

"쓸데없는 걱정은 하지 말고, 지금처럼 천천히 가라."

동료에게 어떤 조언을 해줄 것인지 답하면서 자신이 너무 조급한 마음을 가지고 안 해도 되는 걱정을 하고 있었다는 것을 알아차린 경우였다. 이어서 세부 실행 계획에 대한 질문을 던졌다. 그에게 오늘의 코칭을 통해 새롭게 발견하거나 정리된 게 있다면 무엇인지 묻자 B님은 팀장님과 진솔하게 자신의 상황에 대해 대화하며 피드백을 받아보겠다는 구체적인 계획을 세웠다.

B님은 코칭을 마친 후 이런 소감을 남겼다.

"코치님이 이야기를 귀 기울여 들어준 것과 생각을 확장하게 해주는 질문이 너무 좋았습니다. 제 안에 있던 막연한 복잡함이 말끔히 정리되고 편안한 느낌이 들었습니다. 다른 사람들에게 코칭을 받아보라고 추천해주고 싶네요."

이처럼 자신을 멀리서 볼 수 있도록 관점을 전환하는 질문을 던지는 것만으로도 자신이 지금 불안해하는 것들을 걷어낼 수 있다.

출퇴근 시간만 4시간입니다. 저 이대로 괜찮을까요

출퇴근 시간에 에너지 소모가 심한 당신에게

"출퇴근 시간이 너무 오래 걸려서 점점 지칩니다. 어떻게 해야 할까요? 집과 근무지가 멀어 출퇴근하는 데 왕복 서너 시간이 걸립니다."

이것이 코칭의 주제가 될 수 있을까 싶지만 의외로 이 문제로 고민하는 신입사원들이 많았다. C님에게 이렇게 질문했다.

"매일 출퇴근 하는 과정에서 C님이 가장 답답한 부분은 무엇인가요?"

이 질문을 통해 C님이 단순히 출퇴근 시간이 길어서 힘든 것이 아니라 콩나물시루 같은 지하철에서 느끼는 답답함으로 인해 에너지가 더 소모된다고 자각하는 것을 확인했다. 다시 다음과 같은 몇 가지 질문을 던졌다.

"이상적인 출퇴근의 모습은 어떤 모습일까요?"

"오고 가는 데 매일 소비되는 출퇴근 시간을 어떻게 채우고 싶으세요?"

"에너지를 소모하지 않고 효율적으로 시간을 활용하는 것이 C님께는 매우 중요한 일인 것 같습니다. 출퇴근 시간이 확보된다면 C님의 삶에는 어떤 변화가 일어날 것이라 기대하나요?"

이런 질문들을 통해 C님이 궁극적으로 출퇴근 시간을 줄여서 하고 싶은 것이 무엇인지를 확인해봤다. 그리고 이런 상황이 앞

서로 다르지만 코칭으로 함께 성장하기로 했습니다

으로 몇 년간 계속 이어진다면 어떨 것 같은지도 물어봤다.

신입사원들은 새로운 환경에 적응하는 데까지 어느 정도 시간이 걸리는데 그 과정에 출퇴근 시간의 루틴을 만드는 것도 포함된다. 다행히 C님은 모비스의 사내복지 제도를 적극 활용하는 방법을 찾아냈다. 붐비는 출퇴근 시간을 피할 수 있도록 선택근로제와 재택, 거점오피스를 적극 활용해보겠다는 해결책도 스스로 생각해내고 조금 유연하게 업무 장소를 바꾸어보는 방안도 생각해냈다.

이런 해결책은 비슷한 주제의 고민을 가진 경우라도 개인마다 달랐다. 한 고객은 자신은 현실적으로 재택이나 거점오피스로 출퇴근하는 제도를 활용할 경우 업무 효율이 떨어지기에 회사 근처로 집을 옮기는 것을 고려해보겠다는 솔루션을 내기도 했다.

많은 신입사원들이 고민하는 이 문제에 대해 코칭을 진행하면서 각자 마인드 컨트롤하는 관점의 변화가 일어나는 것을 확인할 수 있었다. 같은 문제라도 관점을 달리 하면 새로운 방식으로 나아갈 수 있다는 것을 확인한 순간이기도 하다. C님은 코칭을 마친 뒤 이렇게 소감을 남겼다.

"출퇴근 시간으로 에너지를 소모하고 있다는 생각에 사로잡혀 있었는데 그 시간의 답답함을 다른 시각으로 볼 수 있도록 생각이 확장되어 좋았습니다. 매일 소비되는 출퇴근 시간을 무엇으로 채울지 생각하면서 내가 중요하게 생각하는 것에 시간을 할애할 수 있도록 관점이 바뀌었습니다."

C님은 이제 출퇴근 시간을 더 이상 소모적인 시간으로 보지 않는 듯하다. 구성원을 코칭할 때 성격유형별로 접근도 달라야 하고, 그가 가진 강점이 무엇인지 확인하고, 이를 잘 활용하게 하는 것도 중요하다. 그런데 이에 앞서 고객이 어떤 상황인지를 고려하는 것이 기본이 되어야 한다.

신입사원들에게 사내코치는 회사의 조직 문화를 체화해서 보여줄 수 있는 리더이자 신입사원들의 생각을 들어주는 연결자이다. 코치는 그들과 충분하게 라포를 형성해 신입사원이 스스로 미래를 긍정적으로 바라보는 힘을 갖추도록 도와야 한다.

신입사원들과의 신뢰 형성은 첫 조직 생활에서 잊지 못할 나침반 하나를 갖게 되는 경험을 제공하고, 이 경험을 통해 조직에 대한 믿음을 갖도록 만들 수 있다. 그렇기에 모비스의 사내코치들은 신입사원들의 온보딩을 위한 코칭에 더욱 관심을 기울이면서 사내코칭 문화의 전령사로 임하고 있다.

서로 다르지만 코칭으로 함께 성장하기로 했습니다

돌파구를 창조하고 싶은
당신에게

현대모비스 사내코치들은 코칭을 받는 구성원의 욕구나 목표에 대한 이해를 기반으로 그가 가진 잠재적 재능에 집중하고자 노력한다. 코칭을 받는 이 스스로가 자신의 강점을 발견함으로써 어떤 강점에 집중하고, 활용할지를 선택할 수 있도록 돕고, 이를 기반으로 현재 답답하게 막혀 있는 문제를 뚫고 나갈 돌파구를 마련할 수 있도록 돕는 것이다. 모비스의 사내코치들은 다양한 코칭 기법들을 활용하고 있는데 강점 진단, 버크만 진단 등의 진단 툴을 기반으로 하는 코칭도 적극적으로 시행하고 있다. 이를 통한 코칭은 일을 잘 해내고 싶은 이들이 자신의 강점이나 성향을 제대로 확인하고 어떤 역량에 집중하는 게 가장 효과적인지 찾아가는 데 유용하기 때문이다.

사실 직장 생활을 하는 모든 이들에게 '일 잘하는 사람'이 되고 싶은 욕구는 기본적인 것이기도 하다. 오죽하면 '일잘러'라는 말이 있을 정도이니 말이다. 이번에는 일을 잘 해내고 싶은 욕망을 가지고 있지만 어떻게 해야 할지 방향을 잡지 못하는 경우, 노력을 해봐도 해결책을 찾지 못해 헤매고 있는 이들에게 코칭을 제공하여 스스로 변화한 사례를 살펴보고자 한다.

책임감 있게 일을 잘 해내고 싶어요

제대로 하지 못하고 있다고 답답해하는 당신에게

프로젝트 매니저인 D님은 회사 생활을 하면서 책임감이 강한 타입으로 일을 잘 하고 싶은 의욕이 누구보다 강한 사람이었다. 그러다 보니 잘 해내고 싶은 마음에 너무 사로잡혀 있는 경우였다. D님과는 여러 회 코칭을 진행했는데 처음 만났을 때는 주로 요

서로 다르지만 코칭으로 함께 성장하기로 했습니다

즘 하는 고민에 대해서 이야기하면서 자신의 생각을 정리하게끔 대화를 이끌어갔다.

"제가 생각하는 미래 모습을 그려놓지 않고 저에 대한 물음표만 가득하다는 것을 깨달았습니다. 장기 플랜을 세우는 게 어렵긴 하지만 조금씩 구체화해나가고 싶습니다."라며 사고 전환의 필요성을 스스로 인식하였다.

2회기에는 강점 진단을 시행했다. 진단 결과 D님은 복구Restorative 테마가 가장 강했다. 문제를 해결하고자 하는 욕구가 강하다는 뜻이었다. D님은 자신의 이런 강점에 대해 "저한테 '복구' 강점이 제일 강한 것으로 나왔는데 제 스스로 복구의 끝은 자책으로 이어져서 단점이라고 생각해왔습니다."라고 말했다. 코칭을 진행하면서 그는 자신이 단점이라고 생각했던 성향이 사실 강점이었다는 것을 깨닫고 스스로를 바라보는 관점을 바꾸려는 노력을 시작했다.

3회기 코칭에서는 지난해를 돌아보고, 새로운 해의 목표를 공유하는 시간을 가졌다. D님은 지난해가 착지의 해였다면 새해는 땅을 일구는 해가 되길 희망한다고 밝혔다. 그리고 자기 자신을 있는 그대로 받아들이겠다는 인식을 했다. 코칭을 진행하면서 자신을 부정적으로 보는 패턴이 반복되고 있다는 것을 알아차리면서 다른 대안을 찾고자 하는 노력을 기울이겠다고 스스로 다짐한 것이다.

"그동안의 경험을 이야기하면서 지금까지 제 강점으로 여기까지 왔는데 무의식적으로 제 본연의 강점을 부정하고 있었다는 것을 깨달았습니다. 성취한 제 자신도 제 모습이니까 그걸 받아들이는 노력을 하겠습니다."

있는 그대로의 자신을 받아들여야겠다고 생각한 D님은 목표를 이루는 과정을 즐기고, 강점을 수용하고 발휘하며 때로는 부정적으로 흘러갈 때 전환할 수 있는 제어 능력을 갖고 싶다고 말했다. 그에게 불쑥 올라오는 부정적인 시각이 발견될 때를 알아차리고 다른 선택을 해보는 시간이 되었으면 좋겠다는 피드백을 전했다.

4회기에는 자신이 원하는 이상적인 프로젝트 매니저의 역할을 생각해보는 시간을 가졌다. 3년 차 프로젝트 매니저인 그는 스스로 경험이 부족하고 문제 해결 능력이 아직은 조금 부족하지만 성장하는 과정이라고 생각하고 있었다. 자신에게 맞는 적절한 타이밍을 찾아가는 여정이 힘들 때도 있지만, 꾸준한 노력이

서로 다르지만 코칭으로 함께 성장하기로 했습니다

언젠가는 빛을 발하고 스스로도 편안해지는 타이밍을 만날 거라 믿는다고 전하며 함께 탐색해보자고 제안했다.

5회기에는 업무와 개인의 삶에서의 성장을 같이 이야기해보았다.

"D님이 원하는 자신의 모습은 어떤 모습일까요?"

이 질문에 그는 성장하는 자신의 모습을 그렸고, 아침시간을 활용하여 내적 성숙을 도모할 계획을 세우고 싶어 했다. 자신에게 주어진 역할을 성취할 때 보람을 느낀다는 것을 알았다면서 요즘은 업무 역량을 향상시키기 위해 개인적인 공부 시간을 갖고 있다고 했다. 목표 학습량을 달성했을 때의 자신의 모습, 업무 역량이 향상된 자신의 모습을 상상하며 차근차근 목표를 달성하는 모습을 그리며 D님의 표정은 밝아졌다.

우리는 때때로 자신이 가진 강점을 부정적인 시선으로 바라보기도 한다. 하지만 그 가치를 인지하고, 이를 어떻게 활용할 것인지에 관심을 기울이면 자신이 원하는 방향으로 스스로를 이끌어갈 수 있다. 사내코치진은 코칭을 진행하면서 이런 사례를 자주 만났다. 뭐든 부정적인 생각이 먼저 드는 고객의 경우 코칭을 하다 보면 단순히 부정적인 것이 아니라 분석적 사고 능력이 뛰어난 경우도 많았다. 이런 경우에는 코칭적 대화를 진행하면서 스스로 그런 재능을 발휘할 수 있도록 사고의 전환을 모색하도록 도와 '이런 문제가 생길 수도 있을 것 같은데 어떤 대비를 해야 할까?' 하는 식으로 스스로 생각의 물길을 바꾸게 되었다.

모든 것이 다 제 책임 같아요
업무와 육아 모두를 잘 해내고 싶은 이들에게

얼마 전 육아휴직을 마치고 복직한 T님은 만나자마자 하고 싶은 말이 너무 많은 눈빛으로 말했다.

"모든 게 제 책임인 것 같아요."

그녀가 가져온 주제였다. T님은 코칭에 대해 잘 이해하고 있는 경우였다. 친한 동료에게서 서너 번 코칭을 받은 후기를 들었고, 다른 동료들에게도 코칭이 좋았다는 경험담을 들은 덕분이었다.

그녀의 고민은 이러했다. 육아휴직을 마치고 복직한 후 15개월 된 아이를 어린이집에 데려다주고 출근하는데, 매일 아침 아

서로 다르지만 코칭으로 함께 성장하기로 했습니다

이와 헤어지는 순간부터 퇴근해서 아이를 데리러 갈 때까지 무거운 돌덩이가 가슴에 얹혀 있는 기분이라고 했다. 하루 종일 묵직한 것이 가슴과 목까지 차 있어 전에 앓았던 병이 다시 도지는 듯 하다고 했다. 복직 후 시간이 아직 얼마 지나지 않아서일 수도 있지만 회사에 있는 시간이 너무 힘들고, 업무는 업무대로 잘 되지 않고, 아이를 걱정한다고 해서 아이에게 도움이 되지 않는다는 걸 알면서도 자신의 마음이 컨트롤되지 않는다고 했다. 게다가 퇴근 후에는 아이 케어는 물론이고 쌓여 있는 집안일을 해결하기도 버거워서 남은 업무를 집으로 가져와 해결하는 건 더더욱 어려운 상황이었다. E님은 업무, 집안일, 육아 중 뭐 하나 제대로 돌아가는 것이 없다는 자괴감이 들어서 힘들다고 토로했다. 스스로 너무 버겁다는 것이었다.

그녀가 현재 느끼는 진솔한 감정과 욕구를 듣기 위해 이렇게 질문했다.

"이런 상황이 반복될 때 주로 어떤 감정이 드나요? 그 마음을 표현해본다면요?"

E님은 자신이 느끼는 감정을 이렇게 표현했다.

"답답하고 울고 싶어요. 회사에서는 왜 이렇게 집중이 안 되는지, 집안은 왜 그렇게 정리가 안 되어 있고 늘 어지러운 상태인지. 그냥 딱 집중하면 되거든요. 회사 일, 집안일 모두 그냥 주어진 시간에 딱 집중하면 될 텐데 그러질 못하고 이 일 저 일 둘 다 손에 못 잡고 허둥대면서 허송세월을 보내고 있으니 다 제 책임인 것 같아요."

다 자신의 책임 같다는 그녀의 말끝에는 한숨이 크게 자리했다. 그녀의 상황에 대해 공감해주면서 이야기를 지속할 수 있도록 대화를 이어갔다.

"그럴 만하죠. 그게 쉬운 일이 아니잖아요. 후련해질 때까지 T님의 감정을 다 표현해보세요."

"시간은 가고 있는데, 뭐 하나 제대로 된 게 없는 상황을 맞닥 뜨릴 때마다 너무 화가 나고 외로워요."

"나를 화나게 하고 외롭다고 느끼는 순간은 주로 언제인가요?"

"나를 도와줄 사람은 하나도 없고, 결국 내가 모두 해결해나가야 할 문제들인데 물리적인 시간이 부족하고, 회사 일과 집안일을 모두 잘 하려면 잠을 줄이거나 무엇 하나는 포기해야 해요. 그래야 시간이 생기니까요. 하지만 잠을 줄이자니 이미 그렇게 하고 있기도 하고 체력도 달려요. 그렇다고 어느 쪽을 포기할 수도 없

서로 다르지만 코칭으로 함께 성장하기로 했습니다

잖아요. 그러니 둘 다 망해가고 있는 것 같아요. 저만 혼자 고군분투하고 있는 것 같아서 외로워요."

"이런 나의 상황을 잘 아는 지인이 지금 나의 상황에 대해 뭐라고 얘기해줄 것 같나요?"

"글쎄요. 하지만 제가 시시때때로 필요한 모든 순간에 그들이 있는 건 아니잖아요. 또 그들이 있다고 해서 직접 해결해줄 수 없는 것들이 있고요. 결국은 저의 문제인데 이걸 저 혼자 끙끙 앓고 있는 것 같아서 외롭다고 느끼는 것 같아요. 그러니 저는 더욱 힘들고 슬프고요."

아마 육아휴직 후 복직한 대부분의 사람들은 이러한 답답함을 느꼈을 것이다. 이처럼 자신의 상황을 비관하고, 부정적인 생각에 갇혀 있는 이들에게는 과거의 긍정 경험을 묻고, 강점이 무엇인지를 찾는 것이 도움이 된다. 이렇게 긍정 경험과 강점에 집중하는 까닭은 사람들이 대개 자신감이 떨어진 상태에서는 좋지 않은 상황과 결과의 원인을 자신에게서 찾기 때문이다. 여러 상황이 겹쳐져 어쩔 수 없는 상태인데도 모두 자기 탓을 해버리는 것이다.

그런데 자기 탓을 하는 것으로는 해결책을 찾을 수 없다. 사실 T님이 겪고 있는 상황은 그만의 문제라고 할 수 없다. 어쩔 수 없는 환경이고, 이를 도와줄 주변 사람들의 실질적인 도움과 응원, 격려와 지지가 필요한 상황이었다.

코칭을 진행하면서 T님이 자연스럽고 능숙하게 일과 일상생활의 균형을 유지하고 싶어 한다는 것, 그리고 자신에게 많은 에너지와 시간을 쓸 수 있는 모습으로 변화하고 싶어 한다는 것을 확인할 수 있었다. 그녀에게 우선적으로 필요한 것은 이 모든 것을 스스로 해낼 수 있다는 자신감을 회복하는 것이었다. 그러기 위해선 스스로 무엇을 잘 할 수 있는지 확인할 필요가 있었기에 강점 코칭을 활용하였다.

"머릿속으로 생각하고 있는 것들의 비중이 어느 정도인지 그림으로 한번 그려볼까요?"

그녀는 자신의 뇌 구조를 그리며 현재 자신에게 가장 중요한 것으로 팀에서 맡은 미션과 육아를 같은 크기의 원으로 그려 표현했다. 그녀에게는 어느 하나 경중 없이 두 가지가 모두 중요했다. 거기에 집안일이라는 항목도 포함되어 있었는데 팀 미션과 육아보다는 작은 크기였지만 대체로 그녀에게는 이 세 가지가 가장 큰 숙제이자 마음의 짐이었다.

"나를 잘 아는 지인들이 평소 티님을 보면 어떤 강점이 있다고 말해주나요?"

그녀는 이에 대해 '친화력이 좋다.', '한번 맡은 일은 끝까지 한다.', '책임감이 강하다.', '일머리가 좋다.'라고 답했다. 티님에게 다시 이어서 질문했다.

"지금 고민하는 것들에 대해 함께 해줄 수 있는 사람들이나 활용할 자원들이 있다면 적어볼까요?"

티님은 남편, 친정과 시어머니, 같은 팀 동료들의 이름을 적었다. 여러 역할을 모두 잘 수행해야 한다는 부담을 느끼면서 거기에 매몰되어 있는 그에게 긍정정서를 높여 평소에 보지 못했던 것들을 바라볼 수 있는 질문을 던졌다. 그리고 타인이 바라보는 그녀의 강점 외에 강점 진단 프로그램을 통해 자신의 강점을 들여다볼 수 있게끔 도왔다.

그녀는 책임감이 강하면서도 욕심이 많았다. 모든 일은 결국 자신이 손을 대야 직성이 풀린다고 말했다. 자신에게 해주고 싶은 말이 뭐냐고 물으니 이렇게 답했다.

"쉬고 싶다면 조금 쉬어 가도 돼. 혼자 다 하려고 하지 마. 힘들면 힘들다고 얘기해."

문제를 해결하는 방법 중 하나를 자신도 알고 있었다. 책임감과 완벽을 추구하고자 하는 태도는 그녀가 가진 강점 가운데 하나였지만 그것들을 조금은 내려놓고 자신이 가진 다른 강점들을 활용해 짊어지고 있는 어려움을 덜 수 있다고 말해주었다. 그리고 그녀가 듣고 싶은 말을 대신 해주었다.

"T님께서 주변 사람이 되었다고 상상해볼까요? 자신에게 어떤 말을 해줄 것 같나요?"

"음, 제가 도움을 요청하면 도와주겠다, 같이하겠다고 할 것 같아요."

코칭을 진행하면서 T님이 스스로 생각하는 것처럼 모든 것을 혼자 다 짊어지려 하지 않아도 된다는 것, 그리고 알고 있는 것처럼 도움을 요청할 수 있는 주변 사람들이 충분히 있음을 상기시켜주었다. 또한 자신이 가지고 있는 강점을 활용해 충분히 이러한 상황을 주변인들이 부담을 느끼지 않도록 하면서도 자연스럽게 알릴 수 있고, 그럼으로써 고립감에서 조금은 벗어날 수 있다는 자신감을 심어주었다. 질문에 답을 해나가면서 T님은 결국 자신의 답으로 스스로 문제를 해결해나갈 방향을 모색해냈다.

코칭을 마치고 그녀는 이런 소감을 전했다.

"코치님의 질문에 대답하면서 저에게서 한 발짝 떨어져 저를 생각해보게 된 것 같아요. 복직 후 쉽지 않은 시간들이었는데 코칭을 받으며 상황이 제가 생각하는 것처럼 최악은 아니라는 걸 깨달았어요. 또 출산과 복직에 이르기까지 여기까지 오는 데 잘해낸 제 자신을 실컷 칭찬해줘야겠다고 생각했습니다. 여진히 소금 답답하고 걱정되지만 외롭고 고립되었다는 생각은 조금 덜었습니다. 제 자신에게 좀 더 많은 에너지와 시간을 쓸 수 있는 모습으로 변하고 싶습니다. 또 회사와 가정의 균형을 자연스럽고 능숙하게 유지하고 싶고요."

그녀는 코칭을 받으면서 자신의 강점을 더 명확히 알게 되었고, 덕분에 조금 더 자신감 있게 행동하게 되었다고 했다. 또 이를 통해 가까이 지내던 팀원들과도 더욱 친밀해졌으며 업무도 바뀌는 긍정적인 변화가 일어났다고 전했다.

나아가 그녀는 코칭을 통해 더욱 성장한 케이스인데 자신의 강점을 발휘하는 만큼 강점의 그림자에 휘둘리는 상황이 늘어나지 않도록 경계하고 조심해야겠다고 생각했고, 이를 잘 관리하면서 그런 모습까지도 수용하는 방법을 체득해나가겠다고 다짐했다. 한 발짝 떨어져 자신을 바라보고, 자신이 언제든 부딪힐 수 있는 또 다른 문제까지 예측하면서 이를 예방하려는 모습까지 갖추게 된 것이었다. 코칭은 이렇게 자신이 가진 모든 자원을 스스로 인지하고 활용할 수 있도록 안내한다.

나쁜 습관을 고치고 싶은데 너무 어려워요
습관을 바꾸고 싶은 당신에게

조직에서 역량을 인정받은 핵심인재를 대상으로 의무적으로 3회의 코칭을 지원해주는 프로그램으로 만나게 된 F님의 고민은 예상 밖의 것이었다.

"창피한 이야기지만 저는 뭐든 늘 조금씩 늦는 습관이 있어요. 개인적인 약속도 그렇고 업무에서도 그렇고요. 미팅이나 중요한 자리에는 최대한 늦지 않게 가려고 하는데, 제가 워낙 지각병이 있어서 정해진 시간보다 10분 전에 가는 것을 저만의 약속 시간으로 정해놓았거든요. 그럼에도 불구하고 정해진 시간 1~2분 전에 아슬아슬하게 도착하는 나쁜 습관이 있어요. 이 습관을 고치고 싶어요. 이젠 진짜 벗어나고 싶은데 잘 안 돼요."

서로 다르지만 코칭으로 함께 성장하기로 했습니다

그에게는 '습관화하기'가 필요했다. 습관화하기는 사내코칭을 진행하면서 자주 등장하는 주제였다. 습관이라는 건 오랜 기간에 걸쳐 형성되어 고착된 것으로 무의식적으로 이뤄지는 자동화된 행동이다. 그렇기 때문에 하나의 새로운 습관을 형성한다는 건 매우 어려운 일이다. 몇 번의 코칭으로 습관을 바꾸는 일은 고치들에게도 늘 어려운 과제이다.

제임스 클리어는 《아주 작은 습관의 힘》에서 행동 변화란 결과, 과정, 정체성 변화의 세 영역이 동등하게 중요하다고 강조했다. 이는 자신이 얻고자 하는 결과에 초점을 맞춰서 습관을 변화시키려면 결과 중심의 습관을 형성해야 한다는 것이다. 혹은 지속적인 변화를 위해서는 정체성 중심의 습관, 즉 내가 어떤 사람이 되고 싶은지에 초점을 맞춰 습관을 형성해야 한다는 뜻이다.

F님과 코칭을 진행하면서 이런 관점을 적용해 그 자신이 정체성을 탐색하고, 목표를 설정하고, 머무르게 하고, 실행 계획을 세운 다음 목표를 상상하게 하는 코칭 기법을 활용했다.

코칭 과정에서 그에게 가장 먼저 던진 질문은 이것이었다.

"오늘 이 이야기가 F님께는 어떤 점에서 중요한가요?"

그는 다른 사람들에게 자신의 이미지가 좋지 않게 비춰지는 것을 가장 우려했다. 또 시간을 촉박하게 쓰면 여유가 없어 당황하고, 준비가 안 된 상태로 일을 맞게 되는 것이 싫다고 했다. 여유 없이 허둥지둥 일을 접하면 그만큼 실수도 늘어난다고 했다. 그는 두 가지 모두 중요하게 여기는 부분인데 그럼에도 자신이 이 부분에서 매우 취약하다고 밝혔다.

그에게 자신의 현재 상황을 인지할 수 있도록 질문을 던지는 것으로 코칭을 시작했다.

"F님은 이제 더 이상 시간을 촉박하게 쓰고 싶지 않으신 거죠? 지각하고 싶지 않고요."

"네, 맞아요. 그런데 그게 잘 안 되어서 정말 답답합니다."

스스로 목표 설정하기

이렇게 인지하고 있으니 F님에게 새로운 습관을 만들기 위한 목표를 설정하도록 안내했다. 그에게 약속 시간에 일찍 가서 여유롭게 앉아 있었던 경험을 떠올리도록 했다. 그리고 그 장면을 온전히 느끼며 앵커링anchoring 할 수 있도록 도왔다.

앵커링이란 NLP● 활용 기법 중 하나로 자신이 원하는 가장 적절한 내면 상태를 선택하고 그렇게 만들기 위한 매우 간단하

서로 다르지만 코칭으로 함께 성장하기로 했습니다

면서도 강력한 도구이다. 앵커링은 자신이 원하는 구체적인 내면 상태에 대한 신호 또는 트리거를 설정하는 것이다.

"F님이 여유롭게 약속 장소에 도착해 있는 모습을 충분히 느껴보시겠어요? 마음이 분주하지 않고 단단히 뿌리내린 모습을 충분히 마음에 담아보세요. 여유 있게 도착해서 내가 듣고 있는 음악은 뭔가요? 주변에 펼쳐지는 모습은 어떤가요?"

F님은 앵커링 장면으로 촉박한 일정에도 동요하지 않고 단단히 뿌리내리고 있는 '뿌리 깊은 나무'의 모습을 떠올렸다. 그 느낌을 오감을 이용해 충분히 느껴보도록 했다. 그 나무는 어떤 모습으로 서 있는지, 발바닥이 땅에 닿는 느낌은 어떤지 등 시각, 촉각, 청각 등 오감을 충분히 활용해 생생하게 느껴보도록 안내했다.

"지금 기분은 어떤가요? 오감으로 생생하게 느껴보고, 그 순

- 신경 언어 프로그래밍(neuro-linguistic programming), NLP는 무의식적으로 작용하는 자신의 신경화학적 정보 처리 방식을 이해하여, 합리적인 방식은 구조화하고 비합리적인 방식은 재구조화해 자신의 사고나 행동의 근거를 규정하고 변화시키는 방법이다. 즉 사람이 자신의 우수하고 탁월한 부분이 제대로 발현될 수 있도록 하는 원리와 방법, 패턴을 찾아내 작용할 수 있도록 하는 과학적 방법이다.

간을 온몸으로 느껴봅니다. 뿌리 깊은 나무의 모습을요."

F님이 실제 실천한 모습을 상상하게끔 질문을 통해 이끌었다. "실제로 10분 미리 약속 장소에 도착해 있어요. 그때 나는 어디에 앉아 있나요?", "주변을 둘러보면 주변은 어떤 모습인가요?" 같은 질문들이었다. 이에 대해 한층 여유롭게 주변의 거리를 천천히 볼 수 있다고 답했고, 추가적으로 질문했다.

"약속 시간보다 여유 있게 도착하는 일상을 보내면 내 삶은 어떻게 변화될 것 같으세요?"

코칭을 진행하다 보면 자신의 상상을 시각적으로 잘 표현하는 분들이 있다. 그런 분들은 오감을 총동원하여 생생하게 상상해보도록 돕는다. 그러면 오감을 이용해 자신의 자원을 풍부하게 사용해 변화와 성장을 지속할 수 있게 된다.

목표를 이뤄낸 내 모습 상상해보기

F님은 10분 전에 약속 장소에 도착해 있는 자신을 상상했다. 매우 여유로웠고, 자신이 진행해야 할 다음 일정을 차분하게 준비하는 모습을 그렸다. 무엇보다 자신을 돌보는 것에 관심이 많다고 했는데, 이런 여유 시간이야 말로 더 나은 내가 되기 위해

챙길 수 있는 것이라고 했다.

F님이 이렇게 실행 계획을 세운 데 머무르도록 안내하면서, 목표를 스스로 이루었을 때까지 상상하도록 도왔다.

"오늘이 9월 10일인데요, 3주 뒤인 10월 1일에는 가장 가까운 주변 사람들이 F님에게 뭐라고 할까요?"

"뭔지 모르지만 달라졌다고 해요. 뭐가 막 바뀐 것 같지는 않은데 바뀐 것 같다고 해요. 그게 뭔지 다들 궁금해하는 눈치예요."

"그럼 F님의 기분은 어떨까요?"

"그동안 참 지각쟁이로 살았나 보다. 부끄럽기도 하면서 한편으로는 제가 바뀐 것이 뿌듯하고 당당할 것 같아요."

"그럼 오늘 코칭에서 새롭게 발견한 점은 뭔가요?"

"오늘 제가 새로운 사람으로 다시 태어난 기분이었어요. 오늘 목표한 것을 지키면 실제로 새로운 사람으로 다시 태어난 기분을 맛보겠네요."

F님의 경우처럼 스스로 목표를 찾아내 그 목표를 이뤄낸 자신의 모습을 상상해보고 오감으로 충분히 느껴보는 것만으로도 많은 것들이 바뀔 수 있다. 이처럼 코칭은 변화하고 싶은 자신의 욕구를 자각하도록 안내함으로써 스스로 방향을 바꾸고, 길을 만

들고, 돌파구를 찾아낼 수 있도록 돕는다. 이 과정에서 코치는 당신이 스스로 선택한 목표를 이룬 모습을 상상하도록 안내함으로써 새로운 에너지를 얻을 수 있도록 돕는다.

프로 일잘러가 되고 싶은
당신에게

직장 생활을 하는 우리는 자신이 맡은 일을 잘 해내고 싶고, 자신의 분야에서 최고의 전문가가 되고 싶다는 욕망을 가지고 있다.

현대모비스의 사내코치들은 코칭 과정에서 이런 욕망을 가진 구성원들을 많이 만났다. 잘 해내고 싶은 만큼 그들이 느끼는 고민과 갈등 역시 많았다. 프로페셔널이 되고 싶다는 마음이 너무 큰 나머지 '왜 이렇게밖에 못하지, 더 잘해야 하는데' 하는 자기 비하나 조바심으로 나타나는 경우도 많았다. 이들과의 코칭을 진행하면서 변화하는 모습을 지켜보았고, 구체적인 성과가 나타나는 경우도 만났다. 아직 많은 케이스가 쌓이진 않았지만 분명 유의미한 변화를 느낄 수 있었다.

이번에는 프로페셔널이 되고 싶고, 프로 일잘러가 되고 싶어 하는 구성원들과 함께 한 코칭 사례를 살펴보고자 한다.

팀에서 존재감이 너무 낮아서 고민이에요
성과를 내서 인정받고 싶은 당신에게

경력사원으로 입사한 지 2년째인 G님은 이런 주제를 가지고 사내코치를 찾아왔다.

"팀 내에서 저의 존재감이 낮은 것 같아요. 진급을 앞두고 있는데 팀에서 성과를 내는 모습을 보여주고 싶어요."

경력직으로 입사한 그는 어느덧 진급을 1년 앞두고 있는데, 팀 내에서 중요도 있는 업무를 배정받고 있지 않다는 생각이 든다고 했다. 이렇게 하다가는 진급에서 누락될 것 같다고 걱정하고 있었다.

자신에게 맡겨진 업무는 난이도가 낮고 진행 기간도 긴 편이

서로 다르지만 코칭으로 함께 성장하기로 했습니다

라면서 자신이 중요한 일을 하고 있지 않다는 생각에 매몰되어 있었다. 팀 내에서 존재감이 없다고 느끼는데다 후배 사원들도 들어오고 있어서 선배로서 무엇인가 보여주고 싶은데 보여주지 못해 답답함을 느끼고 있었다.

무엇인가 성과를 내고 인정받고 싶은 욕구가 있는 경우였다. 코칭을 진행하면서 자신의 상황을 동기들과 비교했을 때 어떤 모습으로 보이는지 질문했다.

"지금의 나의 상황은 어떤가요? 주변의 동기들은 또 어떻게 근무하고 있다고 느끼나요?"

"동기들은 밤늦게 퇴근하기도 하고 무엇인가 열심히 하는 것 같은데 저는 그렇지 않은 것 같아요."

G님은 자신의 현재 모습을 객관적으로 바라보고, 또 자신이 바라는 미래 모습을 명확하게 그려볼 필요가 있었다. 이에 코칭 프로세스를 활용해 10년 후 만족할 만한 자신의 모습을 그려보도록 안내했다.

"나는 어떤 모습으로 성장해 있고 싶은가요?"

숨겨진 나의 욕구 찾기

G님에게 아래와 같이 차근차근 자신의 현재 상황을 인지하고 미래를 그려보는 질문들을 제시했다.

"나의 미래에 대해 생각하게 된 구체적인 상황이 있을까요?"

"오늘 코칭이 끝나면 어떤 부분이 만족스러워질 수 있을까요?"

"감정 단어(답답함)가 걷히면 어떤 점이 좋아질까요?"

"답답함은 어떤 게 충족되지 않아서 느끼는 걸까요?"

"답답함이 걷힌 미래의 내 모습은 어떻게 그려지나요?"

이 외에도 답답함이라는 감정 아래 숨겨진 자신의 욕구를 찬찬히 들여다보고 스스로 답을 하면서 그는 연구원으로서 전문성을 확보하고 후배들의 성장을 돕고 있는 선배로 자신의 미래 모습을 그렸다. 그리고 여전히 배우는 겸손한 자세를 가지고 업무에 임하는 모습을 바랐다.

메타뷰 관점으로 스스로를 바라보기

그렇다면 이를 위해 지금 무엇을 할 수 있을까.

"이 모습으로 가기 위해선 어떤 것들을 해볼 수 있을까요?"

실행 계획을 세우기 위해 메타뷰 관점을 활용하기로 했다. 메타뷰란 지금 내가 처해 있는 상황을 상공에서 바라보듯 멀리 거리를 두고 보는 것이다. 스스로를 타자화해서 바라보는 것이라는 뜻이다. 그렇게 하면 시야가 넓어져 다른 것들이 보이기도 하고, 전혀 다른 관점이 생겨나기도 한다. 우선 메타인지●를 통해 타자화된 자신이 앉아 있는 모습을 바라보며 어떤 말을 해주겠는지 질문하면서 코칭을 진행했다.

"지금 하고 있는 것에 대해 최선을 다하고, 관심 영역을 넓혀서 공부해보면 좋을 것 같아요. 지금의 업무나 환경이 헛된 것이 아니고 이 또한 저의 미래에 좋은 밑거름이 될 거라는 생각이 듭니다."

"그럼 미래의 그림을 달성한 내가 현재의 나에게 어떤 조언을 해줄 수 있을까요?"

"조급해하지 마라. 진급 한 해 정도 누락되어도 너의 미래 모습에는 큰 영향이 없다고 말해주고 싶어요."

자신이 처한 현실이 왠지 사방이 꽉 막힌 것 같고, 출구를 찾

● 자신의 인지 과정에 대해 생각하여 자신이 아는 것과 모르는 것을 자각하는 것과 스스로 문제점을 찾아내고 해결하며 자신의 학습 과정을 조절할 줄 아는 지능과 관련된 인식이다.

을 길이 없어 보일 때도 있다. 잘하고 싶다는 욕망은 나를 성장시키는 동력이 되기도 하지만 자칫 스스로를 구속하는 굴레가 되기도 한다. 코칭은 자신의 상황을 한정적으로 바라보는 관점에서 벗어나도록 안내하여 자신의 길을 달리 보게 만들어준다. G님도 코칭을 마친 후 이렇게 말했다.

"어느 정도 상황을 새롭게 바라보고, 저 자신을 컨트롤할 자신감을 얻었어요. 제가 몰랐던 모습도 알게 되었고요. 목표를 구체화하게 되었고, 조급해하지 않을 것 같아요."

이처럼 코칭 과정의 질문들에 답하다 보면 자신이 추구하는 정체성을 가지고 장기적인 관점에서 바라볼 수 있게 된다.

발전하지 못하고 제자리에 머물러 있는 것 같아요
자신감을 잃어가는 당신에게

입사 3년 차인 H님은 아직도 모르는 게 많고, 일을 잘 하고 있지 못 하다는 생각이 강박처럼 다가와 자신감을 잃어가고 있다고 했다.

서로 다르지만 코칭으로 함께 성장하기로 했습니다

"입사한 지 만으로 2년이 넘었는데, 아직 모르는 것도 많고 어떻게 하면 일을 잘 할 수 있을지 고민입니다."

H님은 자신의 방향성을 잡아가고 싶어 했다. 그의 마음을 이해하면서 코칭을 진행했다.

제일 먼저 강점 진단을 통해 자신만의 고유함으로 일에서 성과를 내는 모습을 탐색해보는 것이 어떨지 제안했다. 그가 자신의 강점을 안다면 도움이 될 것이었다. 강점 진단 결과 미래 지향, 존재감, 승부, 행동, 최상화의 조합으로 영향력 영역이 많았는데 그중 최상화와 승부가 강하게 발휘되고 있었다. 실제 성과를 내기 위해 팀 내 비슷한 연차와 경쟁 구도가 있었을 때 최상의 결과를 냈던 과거의 경험을 발견하기도 했다. 그는 자신에 대해 이렇게 설명했다.

"저는 다른 사람과 제 자신을 잘 비교하는 것 같아요. 다른 사람 눈에 비치는 제 모습도 중요하고요. 뒤처지는 게 싫고, 어떤 상황에서든 이기기 위해 최선을 다하는 편이에요."

고유함의 힘을 인지하기

코칭을 마무리할 때쯤 그는 스스로 이러한 답을 내었다.

"고민하고 걱정만 하는 시간을 절반으로 줄이고, 생각하는 것을 실제 행동에 옮겨야겠어요. 저에게는 승부가 동기부여의 중요한 요소였어요."

그는 코칭 후 자신의 강점과 자기 자신에게 가장 큰 동기부여가 되는 것이 무엇인지 알게 되었다고 말했다. 그리고 자신의 정체성과 목표를 조금 더 구체화했다.

코칭 과정에서 H님은 스스로 잘 하고 싶은 강한 욕구로 압박과 스트레스를 받고, 그로 인해 용기를 내야 하는 순간 오히려 더 머뭇거리는 상황에 대해 자각하였다. 잘 하려면 할수록 마음과 달리 웅크리게 되는 것이었다.

그는 질문에 답하면서 자신의 문제 행동을 발견하고 이를 해결할 방법을 직접 찾아나갔다. 자신에게 동기부여가 되는 중요한 요소를 찾아냈으며, 코칭을 통해 동기부여에 가속 페달을 밟게 되었다. 자신이 가진 고유함의 힘을 인지하면서 긍정적으로 발현하게 된 경우였다.

코칭을 안 할 이유가 없어요
진정한 리더십을 발휘하고 싶은 당신에게

I님은 코칭을 통해 변화를 직접적으로 경험하고 사내코치 양성 과정을 이수하면서 코치가 된 경우였다. 그는 먼저 사내코치가 된 동료 리더에게 코칭의 장점이 무엇인지 들어서 알고 있었고, 자신이 강점 코칭을 받으면서 좋은 경험을 가지게 되었다. 그래서 자발적으로 사내코치 양성 과정을 통해 코칭을 배우고, 사내코치가 되었다. 사내코치로 활동하면서 구성원들과의 면담에서도 코칭적 대화를 활용하면서 코칭의 효과가 일파만파 퍼지는 경험을 했고, 어느새 팀의 분위기도 바뀌었다고 한다.

코치들의 역량 강화를 위한 코칭을 진행하면서 그는 이렇게 말했다.

"코칭을 안 할 이유가 없었어요. 내가 코칭을 해야 되느냐 안 해야 되느냐가 아니라 이걸 하지 말아야 할 이유가 없더라고요."

그는 코칭을 안 했을 때 자신이 얻을 수 있는 것과 코칭을 했을 때 얻어지는 것을 따져봤는데 결국 하지 않을 이유가 없었다고 했다. 굳이 하지 않을 이유도 없었고, 당시 환경이 그것을 못할 상황도 아니었다. 그래서 제안을 받았을 때 시도했고, 직접 해보니 정말 괜찮다는 걸 몸소 느꼈다고 한다. 좋은 경험이었기에 이후 팀원들 한 명 한 명에게 이를 소개하면서 한번 해보겠냐 제안했고, 해본 팀원들의 반응도 괜찮았다고 한다.

여기에서는 역량 강화 코칭의 구체적인 과정보다 그가 코칭을 팀원들에게 전파한 경험을 나눠보겠다.

I님은 팀원들 한 사람 한 사람에게 코칭을 제안했다. 그렇게 팀원들이 코칭을 경험하면서 나중에는 그가 아닌 팀원들이 서로 코칭을 추천하게 되었다고 한다.

"이거 괜찮은데 한번 해봐." 이렇게 퍼져나가면서 그는 결국 구성원들과 '다 같이 한번 해볼까?' 하는 생각을 하게 되었다고 한다.

실장으로 부임한 뒤 그는 강점 코칭을 실 전체에 활용해보았는데 덕분에 담당하고 있는 실의 분위기가 전반적으로 바뀌었다고 한다.

자기 인식 전환하기

팀 내에 코칭을 경험한 사람들의 호의적인 반응이 전반적으로 퍼지고, 팀빌딩에도 코칭을 도입한 뒤에 일어난 가장 큰 변화는 팀원들이 서로를 이해하는 것을 넘어 서로의 강점을 활용하는 시도를 지속할 수 있게 된 것이었다. 팀원들은 코칭의 장점을 이렇게 말했다고 한다.

"코칭을 통해서 자기 인식을 할 수 있게 돼서 좋았어요. 나에 대해 한 번 더 생각하게 되고, 강점을 기반으로 자기 인식이 전환되니 자질구레한 고민들이 해소되더라고요."

팀원 개개인의 강점 활용하기

다양한 코칭 기법 중 강점 코칭을 접한 이들은 이렇게 묻는다.

"강점 코칭은 어떤 효과가 있나요?"

이에 대해 I님은 아래와 같은 사례로 그 효과를 설명했다.

"얼마 전 저희 조직에서 조직이 생긴 이래 처음으로 어떤 전시회에 기술 아이템을 만들어 전시한 일이 있었거든요. 그때 참여한 팀원 중에 한 명이 사실 실무에서 상대적으로 인정을 못 받는 사람이었어요. 그런데 코칭을 받고 난 이후에 그 팀원이 열정적이고 재미있게 전시 작업을 하더라고요. 강점 코칭을 받고 자신이 이런 데 장점이 있다고 느낀 덕분이었죠."

그 팀원은 강점 코칭 이후 "저는 이런 걸 정말 좋아하는 것 같아요. 이런 부분을 한번 열심히 해봐야겠어요."라는 피드백을 주었다고 한다. 그리고 실제로 업무에서 자신의 강점을 잘 활용하게 됨으로써 스스로 동기부여가 되어 자발적인 역량 강화가 일어난 경우였다.

리더로서 I님은 팀빌딩을 기반으로 팀이 잘하기 위해서는 개인 중심의 강점 코칭을 넘어 팀의 니즈에 부합하는 맞춤형 팀코칭이 필요하다고 생각했다. 팀원들이 일대일 강점 코칭 등의 경험을 쌓았으니 코칭의 장점은 이미 인지하고 있었고, 여기에 팀코칭을 더한다면 분명 더 나은 성과를 거둘 수 있다고 생각했다고 한다.

실제로 I님의 조직에서는 '코칭은 안 할 이유가 없다.'라고 생각하는 리더의 스폰서십을 기반으로 다회기의 팀코칭을 진행하고 있다. 리더와 구성원 모두가 좋은 경험을 기반으로 이를 지속하고자 하는 도전을 하고 있는 만큼 다양한 가능성을 모색하고, 성과를 일구는 팀으로 나아갈 것이라고 믿는다.

I님의 경우 리더가 코치로서의 역량을 제대로 발휘해 구성원들이 변화하는 것을 지원하고, 실행 결과에 대한 피드백을 적시

서로 다르지만 코칭으로 함께 성장하기로 했습니다

에 제공하면서 더 나은 결과를 맞이한 케이스였다. 코치가 자신의 코칭 역량을 강화하는 것만으로도 리더십이 향상되어 자신의 업무를 더 잘 해내게 된 경우라고 할 것이다. 무엇보다 자신을 넘어 구성원 개개인이 코칭을 통해 성장할 수 있도록 도우면서 진정한 리더십을 발휘할 수 있었다.

신뢰받는 리더가 되고 싶은
당신에게

앞에 소개한 사례처럼 리더가 코치가 될 때 얻어지는 성과는 생각보다 크다. 누구나 리더가 되면 처음에는 어려움을 겪는다. 누군가를 리딩한다는 것은 자신의 한계를 시험하는 것이기도 하고, 각기 다른 다양한 니즈를 파악해 이를 충족시켜줘야 하기 때문이다. 현대모비스는 리더들의 역량 강화를 위해 사내코치 양성 과정을 통해 리더의 코칭 리더십을 강화하도록 돕고 있다. 특히 새로 리더가 된 경우 필수적으로 코칭을 경험하도록 하고 있는데 이를 통해 구성원들과의 관계를 더 잘 구축하고, 스스로 역량

서로 다르지만 코칭으로 함께 성장하기로 했습니다

을 강화하는 노력을 기울이는 모습을 많이 만날 수 있었다.

여기에서는 구성원들의 니즈를 잘 파악하고, 신뢰 관계를 만들어가고 있는 리더들에게 코칭이 도움을 주었던 사례들을 살펴보고자 한다.

꿈이 현실이 되게 만들고 싶어요
신임팀장으로서 잘 해내고 싶은 리더에게

신임팀장으로 보임한 J팀장은 팀을 잘 리드하고 좋은 성적을 내고자 하는 욕심이 있었다. 그는 결의에 찬 모습으로 이런 주제를 가지고 왔다.

"팀을 잘 리드해서 성공적인 팀을 만들고 싶어요."

"J님이 생각하시는 성공적인 팀은 어떤 모습인가요?"

이렇게 그가 생각하는 이상적인 팀의 모습, 자신의 모습 등 원하는 것을 확인하는 것으로 코칭을 시작했다.

"신임팀장으로 보임되었을 때 어떤 리더가 되겠다고 다짐하셨나요?"

"팀이 성과를 인정받았으면 좋겠고, 팀원끼리 벽 없이 서로 의견을 자유롭게 이야기하는 팀이면 좋겠어요."

"팀을 운영하는 데 있어 팀장님께서 중요하게 생각하는 것은 무엇인가요?"

"자율성이라고 할까요?"

코칭은 그가 생각하는 이상적인 팀의 모습을 구체적으로 생각하고 심상화하도록 안내하는 것으로 이어졌다.

자신감과 자기 효능감의 선순환 만들기

"팀이 자율성을 가지며 팀원들과 함께 하면 연말에 우리 팀은 어떤 모습일까요? 그리고 그걸 사진으로 남긴다면 어떤 모습일까요?"

J님은 자신의 성장과 팀원 개개인이 성장을 이룬 한 해를 직접 그려보면서 목표를 구체화해갔다. 그러면서 정말 송년회에서는 팀원 개개인의 성과를 나누며 이를 사진으로 남겨두고 싶다는 의지를 보였다.

고객은 코치와의 대화로 깊어진 인식과 새로운 관점으로 목표를 세우고, 이렇게 도출한 목표를 달성한 구체적인 장면을 상상하고 그 느낌을 현재 시점으로 말하면서 비전이 명료해지고 성취된 미래를 현실처럼 경험할 수 있다. 코칭 후 J님은 이런 소감을 남겼다.

"생각지 못했던 연말의 팀 모습에 대한 질문을 주셔서 목표를 좀 더 구체화하고 실제 실행해볼 수 있는 유인을 얻었습니다. 올해 마지막 그림을 그려보니 내년에는 계획대로 실천하는 한 해를 만들 수 있을 것 같아요. 또 직접적인 방향 제시보다는 스스로 방향을 찾게끔 도와주셔서 제가 이야기를 하면서 제 생각이 정리됐습니다. 코칭 말미에 구체화된 목표나 방향성이 하나의 결과물이 된 것 같아서 좋은 시간으로 기억됩니다."

그가 미리 만나본 사진 속에서 생생하게 느낀 성취감은 그것을 꼭 하겠다는 행동 의지로 바뀌었다. 이런 행동 의지는 실제로 이행됐을 때 자기 효능감으로 작용하고, 이 같은 긍정적인 순환이 반복되면 결국 고민이 해결될 뿐 아니라 스스로 성장하는 결과를 얻을 수 있다.

리더로서 나는 무엇을 해야 할까요
천천히 꾸준한 변화를 원하는 리더에게

앞서 언급한 대로 현대모비스는 신임팀장 온보딩 지원 프로그램을 실시하고 있다. 처음 리더가 된 신임팀장은 팀원에서 팀장으로 역할이 바뀌면서 혼란을 겪는 경우가 많다. 그런 이들에게 코칭을 통해 자신이 원하는 리더상과 조직에 필요한 리더상을 함께 고민해보고, 방향을 찾아가도록 돕고 있다. 시행 첫 해에는 희망자에 한하여 이 프로그램을 지원했는데 실질적인 효과를 확인하면서 현재는 보임 3개월 시점부터 연중으로 코칭을 지원하고 있으며, 3회는 필수적으로 참여해야 한다. 이 프로그램을 통해 12회기에 걸쳐 코칭을 받은 신임팀장 K님이 처음 들고 온 코칭 주제는 다음과 같았다.

"미래에 대한 걱정이 많습니다. 리더에 대해 어떻게 규정해야 할지도 모르겠고요. 저는 불편한 상황을 마주하는 것이 너무 어렵습니다."

처음 K님은 '속상하다', '어떻게 하지', '쉽지 않다', '잘 모르겠다' 같은 단어를 자주 사용했다. 그는 해본 적 없는 리더로서의

서로 다르지만 코칭으로 함께 성장하기로 했습니다

역할과 현업 이슈 대응 등으로 바쁜 와중에도 생각을 정리할 시간이 우선적으로 필요해 보였다. 그는 바쁜 일정에도 불구하고 1년 동안 누구보다 꾸준히 코칭에 참여했다.

실제로 대부분의 신임팀장 1년 차들은 온보딩으로 정신없고 바쁜 일정을 보낸다. 교육을 받기에도 벅찬 상황인 것. K님 역시 명료하지 않은 생각을 장황하게 늘어놓기 일쑤였고, 때로는 고민만 하고 실행은 하지 않는 수동적인 모습을 보여주었다.

코칭을 진행하면서 조심스럽지만 솔직하게 말과 행동이 일치되지 않는 부분을 그에게 전했는데, 이것이 K님이 스스로를 돌아보는 시간을 갖게 해준 듯했다. 여러 차례 코칭을 진행하면서 서로 간의 신뢰 관계가 형성된 이후에는 자신의 패턴을 수용하고 변화하는 모습을 보여주었다.

1회기 코칭에서는 질문에 대해 막연하고 모호한 대답을 반복하던 K팀장은 회기가 거듭될수록 자신이 원하는 리더상에 대해서도 점점 구체적으로 답하기 시작했다. 1회기와 4회기의 질문과 답을 한번 소개해보겠다.

먼저 1회기에 던진 질문과 답이다.

"어떤 팀장이 되고 싶나요?"

"준비 없이 리더가 되어 제가 원하는 팀장이 어떤 모습인지 잘 모르겠어요."

4회기에는 이런 질문을 던졌다.

"팀장으로서 팀을 운영하는 데 중요한 원칙은 뭔가요?"

"저희 팀은 출장이 많은 부서입니다. 그럴 때 근무태도 원칙이 중요한데도 자꾸 타협하고, 이해해주는 데에서 오는 혼란이 있네요."

"팀장님이 중요하게 생각하는 원칙을 반복해 지키지 않는 상황에서는 어떻게 다른 시도를 해보고 싶으신가요?"

"팀원들에게 기준을 명확히 전달하고 팀원들이 예측 가능한 리더십을 제공하면서 결과를 연결해야겠다는 생각이 듭니다."

스스로 어떻게 팀을 운영해야 할지, 무엇이 필요한지를 생각해내는 모습으로 변화하기 시작한 것이었다. K팀장의 변화는 코칭의 회차가 늘어날수록 더욱 선명해졌는데 6회기에는 이런 질문들을 해보았다.

"팀장으로서 어떤 역할이 필요할까요?"

"팀장으로서의 원칙, 갈등을 조율하는 데 있어서 나만의 기준 같은 게 있어야 할 것 같아요."

그는 차츰차츰 자신의 기준을 찾기 위해 노력하면서 밸런스를 찾아가고 있었다.

실제 12회기 코칭을 마치면서 K팀장은 코칭이 거듭될수록 본인의 생각이 점점 구체화되고 명료해졌다고 말했다. 마지막 회차 때 그에게 이런 질문을 던져보았다.

"올해 스스로 어떤 팀장이었던 것 같으세요?"

"색깔이 없는 팀장이었던 것 같아요."

"그럼 내년에는 어떤 팀장이 되길 바라나요?"

"내년에는 '저만의 색깔'에 '융합'이라는 것을 더한 '원색'이 되고 싶어요."

"그러려면 우리가 가야 할 길이 어떤 걸까요?"

"얼마 전 팀에서 팀빌딩 워크숍으로 버크만 진단을 했는데 이 결과를 참고해서 팀원들의 색깔을 구체화해보는 것도 좋을 것 같아요."

K팀장과 그의 팀이 이뤄낸 변화는 매우 인상적이었다. 스스로 자신의 역할을 명확히 하고 팀원들의 강점을 찾아내고, 구성원들과의 소통에 대해 관심을 기울이는 좋은 리더가 되기 위해서 끊임없이 노력하는 모습을 보여주었다.

사실 팀장으로 처음 보임해 바로 맡게 되는 성과 관리, 팀원들과의 면담에서 팀장은 부담과 두려움을 느끼기 마련이다. 그렇기에 다회기 코칭으로 팀원들과 편안하게 소통하는 팁을 얻을 뿐만 아니라, 생각이 정리되거나 다양한 시야로 이슈를 바라보는 등의 긍정적인 경험을 많이 할 수 있다. 그리고 K팀장은 이를 현실로 보여주었다.

그는 공식적인 코칭을 마친 뒤 사내코치 양성 과정에 입과해서 사내코치 활동에 도전하는 개인적 변화까지 만들어냈다. 그리고 그의 팀과 조직에도 영향을 미쳐 그해 말에 조사한 컬처서베이에서 팀의 점수가 무려 30점 가까이 상승하는 성과를 거뒀다.

좋은 리더가 되려면 어떤 역량이 필요한가요
자신의 정체성을 굳건하게 다지고 싶은 리더에게

이번에 소개할 사례도 12회 이상 다회기에 걸쳐 꾸준히 코칭을 진행했던 팀장의 경우이다. L팀장은 2023년 5월 이후 계속해서 코칭을 진행했는데 자신이 어떤 사람이 되고 싶은지를 회사

서로 다르지만 코칭으로 함께 성장하기로 했습니다

와 가정, 집안에서의 각각의 역할에 맞춰 차분히 정리해나간 케이스이다. 그는 실행력도 높고 자신에 대한 탐색도 많이 해서 코칭에 대한 이해도가 높은 이였다.

L팀장의 경우 2024년 초 자신이 속한 조직에 변화가 많았다. 자신의 북극성(정체성)을 확인하고 나니 이후 흔들릴 수 있는 상황에서도 꾸준히 자신이 해야 할 일들을 해나가는 여정을 보여주었고, 바쁜 일상에서도 현재까지 매달 1회 코칭을 받으며 스스로를 점검하는 자세를 유지하고 있다.

모델링으로 원하는 모습 찾기

그가 4회기 코칭 때 가져온 주제는 이랬다.

"리더로 성장하기 위해 내게 필요한 역량은 무엇인가요?"

그와 코칭을 진행하면서 모델링modelling기법을 적용했다. 모델링은 앞서 살펴본 앵커링과 마찬가지로 NLP에서 주로 사용하는 기법 중 하나로 간단하게 설명하면 자신의 삶에서 존경하는 한 사람을 모델로 정해 그를 따라 하는 방식이다. 그 방법을 좀 더 구체적으로 설명하면 이렇다.

- 그 사람이 가진 어떤 자질 덕분에 그 사람을 존경하는 것인지 딱 하나만 찾아 정한다. 그걸 구체화하면 좋다.
- 그것을 갖는다는 것, 발휘한다는 것, 실천한다는 것이 무엇인지 경험의 구조를 연구한다.
- 어떤 결과를 만나게 되는지를 사흘 정도 경험하고, 그 경험을 세션에서 나누면서 변화에 대해 이야기 나눈다.

이 같은 모델링을 적용하여 코칭을 진행했고, 이후 L팀장은 이런 소감을 밝혔다.

"지금까지 본받고 싶은 롤모델의 리더들을 생각하니, 경청, 전문적 기술, 안정감, 칭찬에 관한 모습이 떠올랐어요. 그중에서 핵심적인 내용은 '모든 것은 사람에 대한 관찰'로부터 시작된다는 깨달음을 얻은 거예요. 저의 변화된 기대 모습은 사람에 대한 관심을 높이기 위해서 회사에서는 먼저 인사하고 안부 묻기, 살고 있는 아파트에서는 엘리베이터에서 주민분께 먼저 인사하기를 실천하는 겁니다. 그리고 이걸 통해 개인주의적 사고에서 벗어나 더불어 살아가는 사고방식을 좀 더 확장해보려고 해요."

모델링을 통해 자신이 원하는 모습을 구체적으로 그려내고,

서로 다르지만 코칭으로 함께 성장하기로 했습니다

실천 과제까지 스스로 찾아낸 경우였다. 코칭을 거듭하면서 그가 스스로를 들여다보는 힘을 길렀기에 가능했던 변화였다.

나에 대한 인식 명확히 하기

L팀장은 여러 차례 코칭을 한 뒤에 이런 소감을 들려주기도 했다.

"저는 사색이 중요한 사람이거든요. 그런데 코칭이 저에겐 말을 통한 사색이었어요."

코칭을 통해 자신을 돌아보고, 진단하며, 다시금 새로운 방향을 세울 수 있었다는 것이다. 실제로 코칭 회차가 거듭될수록 L팀장이 스스로 문제에 대처하는 속도가 빨라졌는데, 그가 현업으로 바빠서 2개월 가량 코칭을 하지 못했다가 다시 만났을 때는 이미 셀프코칭을 하는 수준에 도달해 있었다. 11회기 코칭 이후 그는 자신에게 일어난 일을 이렇게 공유했다.

"최근에 얻은 개념을 입으로 직접 말해봄으로써 내용을 재확인해봤어요. 또 이를 개인이나 조직에 적용하기 위해서 어떤 행동을 해야 할지 정리해봤습니다. 좋았습니다."

나만의 스탠더드 만들기

L팀장과의 12회기 코칭에서는 다음과 같은 주제를 나눴다.

"정체성을 어떻게 확립하고 만들어갈 것인가? 나의 스탠더드를 어떻게 만들 것인가?"

이 주제로 코칭을 진행하면서 그는 이렇게 말했다.

"저의 변화된 기대 모습을 그려보려고 합니다. 문제 해결 개념을 이용해서 조직이 직면한 문제를 동료와 상사들에게 소개해보고 역시 미래를 준비하는 사람이라는 평가를 들어보려고요."

나만의 색깔과 정체성이 조직과 연결되었을 때의 모습을 떠올려보라고 제안하자 그는 자신이 말했던 내용들을 실천으로 옮기며 활동하는 자신의 모습을 기대한다고 했다. 그래서 그동안 그가 중요하게 생각했던 키워드와 강점, 지향점을 연결해 시너지를 내고 있는 미래의 모습을 다시금 충분히 느껴보고 표현하도록 했다. 이어서 이렇게 질문했다.

"이렇게 미래에 모든 것을 이룬 나의 모습을 그려보면서 어떤게 정리되셨나요?"

"바쁘더라도 사색을 놓치지 않고, 내가 앞으로 가야 할 방향으로 자신감 있게 나가야겠어요. 바쁘다는 핑계로 사색을 미루지

서로 다르지만 코칭으로 함께 성장하기로 했습니다

않겠습니다.”

ㄴ님이 스스로 말한 대로 자신에 대한 탐색을 충분히 하고, 이를 기반으로 실행력을 갖춘다면 자기 자신은 물론이고 분명 조직의 미래까지 바뀔 것이다. 그와 코칭을 진행하면서 많은 구성원들이 자신에 대한 탐색을 더 깊이 할 수 있게 되길 바랐다.

일을 잘한다는 건 결국 내가 무엇을 잘하는지를 정확하게 알고, 이를 잘 활용할 수 있도록 자원을 잘 안배한다는 것이다. 무엇에 집중할 것인가, 어떤 방향으로 나아갈 것인가, 내가 어떤 리더가 되어야 하는가 하는 모든 질문에 대한 해답은 바로 사람이다. 그리고 먼저 자신을 알아야 한다. 코칭은 바로 이런 과정을 함께 해주는 동반자이다.

일과 인생에서
무기력해지지 않으려면

일상생활에서 에너지가 넘치고, 즐겁고, 하고자 하는 의욕이 넘치는 순간은 언제인가? 여러 가지의 조건들이 있지만 일단은 내가 좋아하는 일을 하거나, 좋아하는 사람과 함께하는 순간에 그러할 것이다. 반대로 내가 좋아하지 않는 일을 하거나 불편한 사람과 함께하는 순간이 지속된다면 어떨까? 당연히 의욕도 떨어지고 심하면 무기력해지기도 한다. 무기력한 감정은 삶의 많은 부분을 잠식시킨다. 처음엔 단순히 맡겨진 프로젝트가 왠지 나와 맞지 않는 거 같아서 의욕이 없었는데 그런 마음으로 일을 하다

서로 다르지만 코칭으로 함께 성장하기로 했습니다

보니 더 우울해지고 무기력해지는 식이다.

사내코칭을 진행하다 보면 간혹 이런 무기력 상태에 처한 이들을 만날 때가 있다. 대개는 좋은 에너지를 가지고 있는데 뭔가 상황에 매몰되어 무기력해진 경우였다. 이들과 코칭을 진행한 사례를 살펴보는 것은 업무에서 스스로 동기부여를 어떻게 해야 하는지에 대한 좋은 경험을 제공해줄 것이다.

업무가 저와 잘 맞는지 모르겠어요
직무가 나와 잘 맞지 않는다고 느끼는 이들에게

경력직으로 입사한 G님은 자신이 맡고 있는 업무가 스스로에게 잘 맞는지에 대해 고민하고 있는 경우였다. 그는 자신의 고민을 이렇게 표현했다.

"경력으로 입사했고 이전 회사에서 하던 일과 업무가 동일하지만 이 일이 저에게 잘 맞는지 모르겠습니다."

부정적 감정에 휩싸여 있는 사람은 그 감정이 어느 정도 해소되지 않으면 탐색과 성찰이 일어나기 어렵기 때문에 코치의 공감을 통해 부정적인 감정을 표현하게 해주는 것이 필요하다. 특히 분노와 공포는 매우 강렬한 감정으로 이 경우에는 더더욱 코칭 초반에 감정 해소가 필요하다. 그러나 감정 해소만이 해결책은 아니다. 고객이 부정적인 감정을 갖고 있음에도 마음 한편에는 거기에 머무르기보다 한 발짝 더 나아가거나 다른 방향으로 발길을 돌려보고 싶은 욕구가 있을 수 있다. 그렇기에 제한된 코칭 시간 동안 코칭을 받는 사람이 진짜 얻고자 하는 것이 무엇인지 탐색해나가야 한다.

G님의 경우도 부정적인 감정의 원인을 찾으려 하기보다 표정과 목소리, 말의 속도 등을 세심하게 살피면서 그가 무엇을 원하는지 전체적인 분위기를 파악하는 데 집중하였다. 그가 가져온 주제에 관해 조금 더 심화된 질문을 하면서 코칭을 이어갔다.

"그럼 G님이 전 직장에서 하던 직무는 어떻게 시작하게 된 건가요?"

G님이 현재 상황에 대한 불만족스러운 감정을 가지고 있었고, 이 감정은 회사와 자신 모두에서 비롯된 것이었다. 이런 상황에서 대화가 다른 길로 새어 나가지 않도록 문제의 본질을 찾아 들어가기 위한 질문을 던진 것이었다.

서로 다르지만 코칭으로 함께 성장하기로 했습니다

"전공을 그쪽으로 하지는 않았어요. 크게 관심 있는 분야도 아니었고요. 사실 이전 직장에서 지금의 직무를 맡기 전에 크게 조직 개편이 있었어요. 제가 있던 조직도 임원이 바뀌고 팀 조직이 다 바뀌었죠. 그러면서 저 역시 다른 부서로 이동하게 됐습니다. 저는 부서를 옮기고 싶다고 말한 적도 없고, 생각해보지도 않았는데 아마 제 상사가 나가시면서 새로 오신 분에게 맞춰 조직 개편을 하다 보니 그렇게 된 것 같았습니다. 어쩔 수 없었죠. 납득도 안 됐고 심란한 마음이었는데 이동한 부서에서 지금의 직무를 맡게 된 거였어요. 그렇게 있다가 같은 직무 경력직으로 모비스에 입사하게 된 거예요."

그가 가지고 있는 불만의 원인을 어느 정도 가늠할 수 있는 답변이었다. 그의 내면에서 어떤 것을 원하는지 알아차릴 수 있도록 질문을 계속했다.

알아차리기, 자각하기

"그럼 G님이 원래 기대했던 것은 무엇인가요?"

"저도 사실 그걸 잘 모르겠어요. 할 줄 아는 일이기는 한데 이게 저의 적성과 딱 맞다고 말하기는 어려운 것 같아요."

"그럼 주변 동료들은 현재 G님 직무에 대해서 어떻게 생각하고 있을까요?"

"글쎄요. 그래도 주어진 업무는 해나가고 있으니까 큰 문제는 없다고 생각하지 않을까요?"

앞서 살펴본 대로 코치는 고객을 수평적인 존재로 인정하면서 코칭 과정에서 중요한 결정을 내려야 할 때 고객이 스스로 선택하고 결정하도록 안내한다. G님에게도 마찬가지로 그런 선택을 스스로 할 수 있도록 안내했다.

"혹시 다시 한 번 인사 이동의 기회가 생긴다면 어떻게 하고 싶나요?"

"제가 원하는 직무와 관련된 자격증을 취득하기 위해 공부하고 있기는 해요. 그 일도 저에게 꼭 맞는 직무일지 아닐지는 아직 겪어보지 않았으니 알 수 없지만, 그럼에도 불구하고 준비해 둬야겠다는 생각이 들었거든요."

"그렇군요. 그것 말고 지금 상황에서 할 수 있는 일은 또 어떤 것이 있을까요?"

"중장기적으로 직무 이동을 하기 위해서는 기회가 왔을 때 잡을 수 있어야 할 것 같아요. 그러기 위해서 지금 자격증 공부도

서로 다르지만 코칭으로 함께 성장하기로 했습니다

하고 있는 거고요. 꼭 자격증 준비뿐만 아니라 우물쭈물 망설이지 않는 태도가 필요한 것 같아요. 결단이나 행동을 재빠르게 하는 거요."

"자신이 할 수 있고 해야 할 일에 대한 확신을 가지셨네요!"

그렇게 코칭을 통해서 G님이 앞으로 나아갈 길에 대해 스스로 선택한 것이 가치 있다는 것을 인정해주고, 확인시켜주었다.

때에 따라 어떤 고객은 코치가 현재 문제에 대한 노하우나 조언을 즉각적으로 해주길 기대하기도 한다. 하지만 코칭은 원래 스스로 답을 찾는 과정이기에 고객이 자연스럽게 자신만의 방법을 찾을 수 있도록 정보를 주려고 할 뿐이다.

이 사례도 G님이 현재 상황에서 무기력을 벗어나 또 다른 목표를 향해 가는 과정에서 중간중간 지치지 않도록 현실 인식과 또 다른 작은 목표를 설정하도록 도운 것이었다. 그는 코칭을 마치고 이런 소감을 밝혔다.

"스스로 탐색하는 시간이 없었는데 코치님께서 질문을 해주시니, 답을 하는 과정에서 제 생각에 대한 확신도 생기고, 생각이 좀 더 명료해졌어요."

코칭을 통해 자신이 느끼는 무기력함을 스스로 어떻게 바라보는지 관점을 조금 달리하도록 안내하는 것만으로도, 즉 자각할 수 있도록 안내한 것만으로도 G님은 무기력을 에너지로 바꿔냈다.

서로 다르지만 코칭으로 함께 성장하기로 했습니다

미래를 향한 도전을
선택하기 위하여

성장을 위한 자기주도적 방법이 있다면 우선 목표, 경험, 대처, 자기 분석, 마인드셋 같은 키워드로 정리해볼 수 있다. 우선 확실한 목표가 있어야 하고, 참여하고 배우는 경험, 실패에 대한 대처, 그리고 자기 객관화를 통한 자기 분석, 긍정적인 마인드셋이 필요하다는 뜻이다.

여러 사례에서 매우 성공적으로 진행된 코칭의 경우 고객들의 공통점이 몇 가지 있었다. 바로 위에 언급한 자기주도적 성장을 위한 요소를 갖추고 있었다는 것이다. 목표를 향한 미래 지향적인 자세를 가지고 있었고, 이를 실현하려는 능동적 자세, 실천 과정에서 필요한 자기 분석과 객관화, 결과를 통한 재동기부여 같은 것이다.

이번에는 미래에 대한 걱정을 느끼기보다 앞으로 나아가기 위한 구체적인 방법들을 익히고 실천해 자기 삶의 방향을 긍정으로 이끈 사례를 살펴보도록 하겠다.

10년 후 나는 어떤 모습일까요
미래에 대한 확신이 필요한 당신에게

H님은 12회기 코칭을 진행한 경우였는데 코칭을 진행한 코치에게도 동기부여가 된 그야말로 선순환의 효과를 보여준 경우였다. 열두 차례 만나는 동안 파악한 그의 특징은 다음과 같았다.

첫째, 미래 모습에 대한 시각화를 잘한다.

둘째, 자기 강점을 잘 알고 있고 자신에 대한 이해도가 높다.

셋째, 오감을 통한 미래 만나기처럼 동기부여가 중요하고 강하게 작용한다.

서로 다르지만 코칭으로 함께 성장하기로 했습니다

자기 자신에 대해 잘 알고 있다는 것은 자신의 미래를 그리고 나아갈 방향을 설정하는 데 있어 매우 중요한 요소이다. 그만큼 솔루션을 빠르고 명확하게 찾을 수 있기 때문이다. 그는 6회기 코칭을 마치고 이런 소감을 남겼다.

"10년 후의 구체적인 모습이 그려졌고, 그 모습은 이미 이뤘다는 확신이 찹니다. 그 모습의 다음 스텝이 궁금할 정도로 원하는 방향으로 가고 있다는 생각이 듭니다."

H님에게서 자기 확신에 찬 모습이 느껴졌다. 자기 확신은 우리가 좀 더 나은 삶을 살아가는 데 필요한 요소이다. 자기 확신은 어려움을 극복하고 목표를 달성하는 데 긍정적인 역할을 하기 때문이다. 하지만 우리는 자주 자신에 대한 의심과 불안을 느끼기 때문에 그때마다 스스로를 믿으며 자존감을 높여야 한다.

H님처럼 보통 자기 확신이 강한 사람들은 다음과 같은 특성이 있다.

첫째, 자신의 강점을 인식하고 있다.

둘째, 자신이 과거에 성공했던 사례, 성취감이 높았던 일을 기억하고 되새긴다.

셋째, 실수나 실패도 받아들일 수 있는 여유를 가진다.

넷째, 자신에게 긍정적인 말을 해줌으로써 스스로의 이미지를 긍정적으로 만든다.

다섯째, 스스로 목표를 설정하고 달성한다.

그와 코칭을 진행하면서 이런 면들을 확인하였고, 이어진 7회기 코칭에는 '20년 후 미래의 나를 보기 위한 여정'을 주제로 삼았다. 코칭 후에 그는 "좀 더 선명하게 미래를 그릴 수 있는 기회였다. 10년 후, 20년 후의 좌표를 찍고 느꼈던 감정을 계속 되새기면서 나를 운영해나겠다는 다짐을 다시 한 번 더했다."라고 소감을 남겼다.

자각, 통찰, 머무르게 하기

이후 진행된 코칭에서 H님이 스스로 잡은 10년 후, 20년 후의 좌표를 직접 선언하고, 명명하기, 머물게 하기, 앵커링하여 음미하기를 시행했다.

코칭을 할 때 중요한 것 중 하나는 자각, 즉 알아차림과 통찰의 순간을 잘 포착하고, 이것이 마음 속에 기억되도록 안내하는 것이다. 스스로 인식한 그 순간을 그냥 흘려보내지 않도록 다양한 코칭 기법을 활용해서 의식에 그것이 선명하게 각인될 수 있

서로 다르지만 코칭으로 함께 성장하기로 했습니다

도록 돕는 것이다.

H님과의 코칭에는 NLP 기반 로지컬 레벨을 활용하였다. 이 기법은 자신의 정체성 및 그 안에 가치, 그에 필요한 능력, 행동, 어떤 환경을 만들거나 있어야 하는지 확인하고, 충분히 머물러서 느낄 수 있도록 앵커링 기법을 활용하는 것이다. 예를 들면 "거짓말을 하지 마세요."라고 조언한 A그룹보다 "거짓말쟁이가 되지 마세요."라고 조언한 B그룹이 거짓말을 덜하는 효과가 나타났다는 실험 결과가 있는데, 이는 사람들에게 'To do(해라)' 메시지보다, 그 상위에 있는 정체성을 변화시키려는 'To be(돼라)' 메시지가 더욱 설득력 있게 받아들여지는 것에서 기인한다.

환경, 행동, 능력, 신념과 가치관, 정체성, 정신 차원에서 한 방향으로 정렬되면 좀 더 주도적으로 자기다운 인생을 살아갈 수 있다.

그와의 코칭을 이어가면서 이런 질문을 던졌다.

"5년 후 어떤 리더로 기억되고 싶나요?"

"업무 능력도 능력이지만 구성원들을 잘 아우르며 이끄는 리더요."

"그럼 조금 더 구체적으로 그 리더는 어떤 사람인가요?"

"구체적으로 말하면 싫은 소리라 느낄 수 있는 것도 도움이 되는 조언으로 인식되게 하는, 이야기를 잘할 줄 아는 리더요."

"그러려면 어떤 부분이 필요할까요?"

"평소 구성원들과 관계 유지를 잘 해야 할 것 같아요. 그러려면 지금보다 좀 더 열린 자세로 팀원들을 대해야겠네요."

"그럼 지금 말씀하신 그 모습을 잠깐 눈을 감고 그려볼까요? 눈앞에 어떤 사람이 있나요?"

"푸근하고 따뜻한 모습으로 구성원들과 편안하게 이야기하는 리더요. 그리고 사람들이 리더에게 웃으면서 고충도, 농담도 편하게 말하고 있어요. 분위기가 좋아요. 화기애애해요."

"그러면 지금 그 장면의 느낌을 음미해볼게요."

코칭이 거듭될수록 그는 스스로 자신을 코칭하는 셀프코칭 방법을 터득해나가는 모습도 보여주었다. 실제로 매번 코칭이 끝나면 생각이 명료해지고, 머릿속을 떠돌던 단어들이 모여 명확한 문장이 되는 느낌이라면서 성장에 새로운 동력을 얻고 있다고 밝히기도 했다.

이처럼 자신의 생각이 정리되고, 막연했던 것들이 명확해지는 과정은 다시금 자기 확신으로 이어지게 마련이다. 특히 오감을 통해 미래의 나를 만난다는 것은 스스로 꿈꾸고 그려나가는 기대 모습에 대한 확신을 더욱 강하게 불러일으킨다.

스스로 코칭하기

미래는 늘 불안할 수 있다. 가보지 않은 길을 가야 하는 건 도전이기도 하다. 그럴 때 코칭을 통해 구체화된 미래의 기대 모습을 그려보는 것은 스스로에 대한 확신을 심어주는 데 도움이 된다. 구체화된 미래의 기대 모습을 그리기 위해서는 다음과 같은 질문들이 도움이 된다.

- 그 목표가 이루어졌을 때를 상상해보면, 어떤 모습인가요?

이 질문을 더욱 구체화해서 다음과 같은 질문을 하기도 한다.

- 무엇이 보이나요?
- 무엇이 들리나요?
- 주변에 누가 있나요?
- 그들이 무슨 이야기를 해주나요?
- 느낌이 어떠세요?

- 목표를 달성한 모습을 은유를 이용하거나 이미지로 표현해 보시겠어요?

스스로 목표를 상상하는 질문하기

이렇게 미래 지향이 있고 자기 분석을 잘하는 이들에게는 목표 설정, 머무르게 하기, 실행 계획, 목표 상상의 단계 중 목표 상상을 더욱 강화해주는 질문들이 도움이 된다.

여기에 그 질문들을 몇 가지 소개한다. 미래에 대한 불안을 걷어내고 확신을 가지고 싶다면 이 질문들을 스스로에게 던져보는 것도 도움이 될 것이다.

- 목표를 이루면 달라지는 건 무엇인가요?
- 목표를 달성했다는 것을 무엇을 통해 알 수 있을까요?
- 목표가 이루어졌을 때를 상상해보면 어떤 모습인가요?
- 목표를 달성한 모습을 은유적으로 또는 이미지로 표현해 보시겠어요?
- 어디까지 확장해보고 싶으세요?
- 10년 후 어떤 모습이기를 원하나요?

・ 삶이 10년 남았다면 무엇에 집중하면서 사시겠어요?

  스스로를 코칭해본다는 것은 내 인생의 주인으로 살고 싶다는 바람을 실현하기 위한 것이기도 하고, 스스로 달라질 준비가 되었다는 의미이기도 하다. 미래에 대한 불안은 앞으로 나아가는 데 장애물이 된다. 스스로 성장하고 발전하고 싶다면 그런 불안 대신 코칭을 통해 자기 확신의 장으로 들어가보면 좋을 것이다.

더 멋진 인생 항해를
해나가기 위하여

코칭의 주제는 승진, 업무 효율처럼 눈에 보이고 객관적인 것에 국한되지 않는다. 삶의 의미, 인생을 어떻게 살아야 할 것인가와 같은 철학적인 내용도 주제로 자주 등장한다. 일도 인생도 결국 나로부터 출발하기에 코칭의 긍정적 효과가 나에게 작용하기 시작하면 자기 자신의 모든 것이 달라질 수 있기 때문이다.

코칭을 할 때 가치관이나 정체성을 다루는 경우 그 주제가 삶에 관한 추상적인 것이라면 고객의 통찰을 돕는 것이 중요한 키가 된다. 자기 자신에 대한 통찰을 통해 나만의 철학을 발견하면

서로 다르지만 코칭으로 함께 성장하기로 했습니다

내적 성장에 큰 도움이 되기 때문이다. 이를 바탕으로 자신의 인생을 열정적으로 살아갈 수 있고, 일에서는 물론이고 가족, 친구 관계 등 여러 인간관계까지 변화하는 경험을 하기도 한다.

현대모비스의 사내코치들은 처음 코칭을 접하고 인생의 변화를 스스로 경험한 뒤 코치가 된 경우가 많다 업무뿐 아니라 인생의 항로에서도 변화를 일궈낸 사례들을 살펴보고자 한다.

잃어버린 열정을 되찾고 싶어요
일도 일상도 에너제틱하게 살고 싶은 당신에게

A님이 가져온 코칭 주제는 이랬다.

"오랜 직장 생활에서 내가 좋아하는 것과 잃어버린 열정을 되찾고 싶다."

익숙해진다는 건 편안해지는 일이기도 하다. 하지만 동시에 무력해지기도 하고, 더 이상 잘 해내고 싶은 욕망이 사라진 낮은 에너지의 상태이기도 하다. A님은 스스로 그런 상황에서 빠져나오고 싶어 하는 사람이었다.

그와 코칭을 진행하면서 몇 가지 질문만으로도 자신이 했던 좋은 경험을 떠올리고, 변화의 모티브를 찾아내는 것을 확인할 수 있었다. 그에게 던진 효과적인 질문은 이랬다.

"삶 전체를 돌아보았을 때 가장 열정적이었던 때는 언제였나요?"

"그때와 지금의 차이는 어떤 것들일까요?"

"가장 빠져들어 즐겁게 했던 것은 무엇인가요? 그 힘은 어디서 나왔을까요?"

"고객님께 가장 안정적인 환경은 어떤 곳인가요?"

이런 질문들에 대한 답을 해가면서 그는 자신이 가장 열정적이었던 순간을 기억해냈고, 스스로의 방향을 찾아냈다. 그가 코칭을 마친 후 남긴 소감은 이랬다.

"잊고 있었던 20년 전의 일이 생각났습니다. 내가 좋아하던 작가가 커뮤니티를 만들었는데 거기에 동참해서 한동안 재미있게 참여했습니다. 이제는 다른 사람들이 하는 일반적인 취미, 예를 들면 골프 같은 것이 아닌 제가 정말 좋아하는 취미를 발견하고, 제가 좋아하는 장소에서 오랫동안 할 수 있는 것이 무엇인지 찾아봐야겠습니다."

서로 다르지만 코칭으로 함께 성장하기로 했습니다

아내가 말하더군요. "당신이 변했잖아요."
가족 관계에서의 변화를 원하는 당신에게

코칭을 받은 이들은 스스로의 인생뿐만 아니라 주변 사람들과의 관계까지 변화시키고, 때론 그들의 인생에도 많은 영향을 미친다. I님은 코칭 이후 팀원들과의 관계는 물론 가족과의 관계가 개선된 경우였다. 그는 코칭 이후의 변화에 대해 이렇게 말했다.

"코칭 이후 상대방을 변화시키려 하지 않았습니다. 제가 원하는 결과를 만들기 위해 스스로 변화했어요. 변화의 주체는 항상 나라는 것을 깨달은 거죠. 유연성과 감정 관리, 긍정성, 감사할 것들을 찾았고 최선을 다하자는 마음가짐으로 임했습니다. 구체적으로는 상대방에게 존댓말을 쓰면서 존중을 먼저 표현했습니다."

I님은 유관 부서의 사소한 협조에도 구체적으로 감사하다는 표현을 많이 썼다고 한다.

"예정된 일정보다 빨리 회신 주셔서 감사합니다. ○○○연구원님의 적극적인 협조 덕분에 업무 진행에 큰 도움이 되었습니다."처럼 말이다.

그는 이제 현대모비스 모든 임직원들에게 감사하는 마음과 발전하기를 바라는 마음을 담아 '메일 마지막에 더욱 고귀한 존재로 빛나시기를, 모든 존재가 행복하기를'이라는 인사 문구를 넣어 보내고 있다고 말했다.

이런 변화의 에너지는 가정에서도 이어졌다. 그는 이렇게 설명했다.

"아내가 어느 날 그러더라고요. '당신 변했네.' 제가 뭐가 변했냐고 묻자 아내가 말했습니다. '당신이 변했잖아요. 바뀌었어요.' 아내는 제가 전보다 더 즐거워진 것 같다고 했습니다. 웃는 모습이 많아지고 조금 편안해 보인다고 하더군요. 아마도 제가 회사 생활을 하며 달라진 마음으로 주변을 대하니 주변도 저를 다르게 대한 것이 영향을 미친 모양이었습니다. 아내의 말을 들으니 제가 진짜 달라졌다는 걸 실감했습니다. 제 인생의 또 다른 장으로 넘어온 기분이었어요. 그렇기에 이 코칭의 기회를 다른 분들도 꼭 경험했으면 합니다."

인생을 대하는 태도가 달라짐으로써 사람들을 대하는 태도가 달라지고, 그런 긍정적인 변화가 함께 일하는 동료는 물론 가족들과의 관계까지 변화시킨 사례였다.

서로 다르지만 코칭으로 함께 성장하기로 했습니다

열심히 노력한 것을 인정받고 싶어요
스스로 길을 찾아 성장하고 싶은 당신에게

J님은 자신의 노력이 보상받지 못했다고 안타까워하고 있었다. 그는 처음 코칭을 하기 전 이렇게 고민을 설명했다.

"책임 진급을 위해 열심히 일했는데 평가도 좋지 않아 힘들어요. 그러다 보니 고과에 대한 스트레스가 크고, 팀장님이나 타인 탓을 많이 하고 있습니다."

그는 코칭을 진행하면서 자신의 일하는 방식에 대해 다시 점검해보았고, 그전까지는 인지하지 못했던 자신의 성향이나 업무 스타일을 확인하고 변화의 방향을 찾아냈다. 그에 대해 J님은 이렇게 말했다.

"제가 문어발식으로 일을 하고 있었다는 것을 발견했어요. 중요한 업무 한두 가지에 집중적으로 역량을 발휘해보고, 또한 제가 항상 주도적으로 하려고 했는데 다른 사람의 의견을 수용하면서 업무를 진행해볼 예정입니다."

코칭 이후 그는 스스로 변화하기 위해 노력했고, 자신이 원하던 대로 책임으로 승진했다는 반가운 소식을 전해왔다. J님은 여기에서 멈추지 않고 자신의 북극성을 향해 지속적으로 나아갔고, 승진 이후에 이런 소식을 전해왔다.

"강점 진단과 일대일 코칭으로 지난해에 굉장히 많은 도움을 받았습니다. 강점 진단으로 찾은 저의 다섯 가지 강점을 진짜 최대한 활용했어요. 작년에 코칭받으면서 저에게 가장 많은 도움이 되었던 것은 상대방이 원하는 업무 방식도 수용해보자는 깨달음이었습니다. 그것이 승진에도 도움이 된 것 같아요. 감사합니다."

그의 성장은 단순히 업무 역량이 강화된 것이라고 한정 지을 수 없다. 오히려 세상을 바라보고 대하는 태도 자체의 변화가 일어난 것이라 할 수 있다. 문제는 객관적으로 진단하고, 해결책은 주관적으로 찾아야 비로소 성장할 수 있다. 다른 사람이 아니라 내가 모든 문제를 해결할 키를 쥐고 있다는 것을 인식해야 변화가 시작된다는 뜻이다. 코칭은 바로 이런 변화의 단초를 제공하는 하나의 방법이다.

서로 다르지만 코칭으로 함께 성장하기로 했습니다

사람들과의 소통이
고민인 당신에게

"코칭은 상담이라고 생각했는데, 직접 받고 나니 코칭은 제 스스로 저의 내면에 있는 것을 끄집어내고, 대화하면서 제가 먼저 화두를 제시하고, 또 제 스스로 스토리를 리딩하는 것이란 걸 알게 됐습니다. 이 과정을 거쳐 자기 다짐, 자기 약속을 하며 스스로 답을 찾아가는 과정이고요."

– 어느 고객의 코칭 소감

커뮤니케이션은 사람들끼리 서로의 생각과 느낌을 주고받는 일이다. 하지만 앞에 소개한 소감처럼 커뮤니케이션이 가장 먼저 시작되는 대상은 타인이 아니라 자기 자신이다. 자신과의 커뮤니케이션을 통해 스스로를 제대로 인지한다면 조금 더 객관화된 자기 자신이 다른 누군가와의 소통에서 더 나은 결과를 이끌 수 있다. 그리고 이렇게 자기 자신으로부터 출발하는 커뮤니케이션이 원활하도록 돕는 것이 코칭의 효능 중 하나이다.

이번에는 더 나은 커뮤니케이션 방법이 없을까 고민하는 이들을 위한 코칭 사례를 살펴보고자 한다. 대인관계에서 필요한 커뮤니케이션 스킬과 실제 커뮤니케이션이 나아지는 과정 등을 사례를 통해 살펴보겠다.

일할 때도, 개인적으로도 소통을 잘하고 싶어요
커뮤니케이션 방식의 변화를 모색하는 당신에게

현재 현대모비스 내에서 하나의 실을 책임지는 실장이자 사내코치로 활동하고 있는 H님은 처음 코칭에 관심을 갖게 된 계기가 있었다. '어떻게 하면 사람들과 더 잘 대화할 수 있을까?'가

서로 다르지만 코칭으로 함께 성장하기로 했습니다

바로 그것이었다.

H실장은 모비스의 사내코칭을 통해 코칭을 처음 접했다. 그는 K상무에게 코칭에 관한 이야기를 들은 뒤 머릿속에 코칭이 계속 맴돌았다고 한다. 그 이유는 자신이 내성적이고, 대화를 시작할 때 오픈을 많이 하는 스타일이 아니어서 대화하는 스킬을 배울 수 있지 않을까 하는 기대가 있었기 때문이었다.

그가 대인관계에서 스킬을 키워보고 싶은 부분은 두 가지였다. 하나는 업무적인 부분에서, 다른 하나는 개인적인 부분이었다.

"저는 적극적인 성격이 아니다 보니 업무를 할 때에도 평소처럼 조용했습니다. 당시 저희 팀장님은 굉장히 카리스마 있고 성격이 강한 스타일이었는데 어떤 일이든 결과물을 내놓아야 하고 그것이 안되면 직원들을 불러서 지적해주셨습니다. 제가 과장이던 어느 날 저를 불러 성격을 좀 바꿔보라고 이야기하시더군요. '성격을 바꾸라니?' 하는 생각에 좀 당황스러웠는데 팀장님은 과장이라면 사람들에게 싫은 말도 할 줄 알아야 하고, 그렇게 해서라도 성과를 내는 게 회사에서 제가 해야 할 역할이라고 말씀하셨습니다. 그후 그분의 조언대로 노력했지만 결론적으로 잘 되지 않았습니다. 그것은 나에게 맞지 않는 스타일이었고 이를 억지로 하려고 하니 제대로 될 리 없었던 겁니다."

H님은 여러 사람들이 모이면 직접 나서서 리드하는 성격은 아니지만, 화두를 던지고 주변 사람들의 이야기를 들으며 호응하는 것을 좋아하는 스타일이었다. 그는 시행착오 끝에 목적지를 향해 가는 데 꼭 빠르고 효율적인 길만 있는 건 아니라고 결론을 내렸다. 조금 돌아가더라도 모두가 스트레스 받지 않으면서 결국 목적지에 도달하는 방법도 괜찮다는 것이었다. 그것으로는 당시 팀장님이 원하는 수준을 맞추기는 힘들었지만 그럼에도 불구하고 결과물을 내려고 최대한 노력하는 과정에서 사람들과 원활하게 커뮤니케이션 한 것에 대해서 팀장 역시 긍정적으로 판단했다고 한다. 그러는 중에도 자신 안에서 여러 사람이 있을 때 말을 잘하고 싶다는 바람이 생겼다고 한다.

"팀장이 된 뒤 제가 맡고 있는 팀에는 17명의 팀원이 있었습니다. 이들과 계속해서 소통을 원활하게 해야 하는데 쉽지 않았습니다. 워킹그룹장이었을 때도 여러 사람들의 의견을 취합해서 무언가 해야 했는데 이 역시 쉽지 않았고요. 모두가 같은 방향으로 가면 좋은데 그럴 수 없으니 어려웠죠. 그때는 꼭 모든 팀원들을 전부 설득해서 다 같이 가려고 했습니다. 그러니 고충이 커

서로 다르지만 코칭으로 함께 성장하기로 했습니다

질 수밖에 없었습니다. 바로 그때 코칭이 떠올랐습니다. 설득이 필요한 이들에게 잘 이야기해서 모두 한 방향으로 나아가면 좋겠다는 생각에 코칭에 기대를 걸게 되었습니다."

경청하기의 효능

H님은 코칭을 접하고, 그에 따라 변화를 모색했지만 자신의 기대대로 사람들이 하루아침에 바뀌진 않았다. 그것은 불가능한 일이었다. H실장은 스스로 목표를 다시 잡았다.

"상대와 조금 더 부드럽게 대화하는 것을 목표의 시작으로 삼았습니다. 그 다음으로는 대화의 결론을 좀 더 연착륙시키는 것을 목표로 했습니다."

이런 방식으로 팀원들과 대화하다 보니 팀원들과의 관계가 전보다 나아지는 것을 느꼈다고 한다. 코칭을 배우기 전에는 하고 싶은 얘기가 있을 때 자신의 생각을 있는 그대로 이야기했다. 이게 잘못됐다면 이건 이렇게 하고, 저게 잘못됐다면 저건 저렇게 하라는 일방적인 지시가 많았던 것이다. 그러다 얘기 끝에 팀원에게 "뭐 더 하고 싶은 이야기 있나요?"라고 물으니 팀원은 당연히 아무런 응답도 하지 않았다고 한다.

그런데 자신도 코칭을 받으면서 접했고, 이후 사내코치 양성 과정을 통해 배운 코칭적 대화 방식을 적용했더니 변화가 생겼다고 한다. 그가 최우선으로 적용한 것은 바로 경청이다. 대화를 할 때 일단 먼저 화두를 던지고, 상대가 이야기하도록 기다렸다. 그리고 그렇게 팀원들의 이야기에 귀를 기울이고, 그의 입장을 공감하고 이해하다 보면 팀원들이 말하는 과정에서 스스로 더 나은 방향으로 솔루션을 찾아내는 경우가 많았다고 한다. 누구나 자신 안에 답을 가지고 있다는 코칭의 기본 철학을 업무 현장에서도 확인한 셈이었다.

라포 형성의 힘

H실장은 코칭을 배운 이후 팀원들과 업무 관련 대화를 할 때도 단도직입적으로 이야기를 시작하지 않는다고 한다. 그렇게 하면 상대는 조심스러운 마음으로 경계심을 갖게 되고, 상대의 부족한 부분은 더 드러나기 마련이다. 결과로 이야기해야 하는 업무 대화에서 상대의 부족한 부분이 언급되면, 결국에는 "이건 이렇게 하자.", "저건 저렇게 하자."라는 식의 충고로 대화가 마무리될 뿐이다. 이런 경험을 바탕으로 요즘은 업무 대화를 할 때도

서로 다르지만 코칭으로 함께 성장하기로 했습니다

다음과 같은 말들로 화두를 던진다고 한다.

"요즘 어떻게 지내고 있나요?"

"최근 고민하고 있는 부분이 있다면 무엇인가요?"

"과업을 수행하는 데 어려움은 없나요?"

그는 이렇게 열린 질문을 던지면 자연스럽게 상대가 '왜 과제가 늦어졌는지', '집에 무슨 일이 있었는지'와 같은 이야기를 하는 경우가 많아졌다고 말했다. 때에 따라서는 쉽게 이야기 꺼내기 어려운 가정사나 개인적인 문제도 언급되는데, 여기에 경청을 더하면 팀원 스스로 자신의 이야기를 더 잘 하게 되고, 그러면서 상대의 상황과 어려움을 더 허심탄회하게 이해하게 되었다고 한다. 그는 코칭적 대화를 하면서 느낀 경험을 이렇게 소개했다.

"라포를 형성하는 대화를 통해 충고가 아닌 응원, 지지, 격려하는 말로 대화가 마무리되는 신기한 경험을 했습니다. 이렇게 부드러운 방식으로 구성원들을 알아갈 수 있다는 경험을 새롭게 하게 된 겁니다."

라포는 의사소통에서 상대방과 형성되는 친밀감이나 상호 신뢰 관계를 뜻한다. 즉 마음의 유대감이 형성되면 상호 간에 신뢰가 생기고 그로 인해 깊은 마음도 나눌 수 있는 관계가 형성될 수 있다.

가족들과도 코칭적 대화를

H님은 이런 경험이 가족 관계에서도 이어졌다고 한다.

"저희 큰아이가 대학에 가던 해, 둘째는 중학교 2학년이 되었습니다. 둘 다 한참 민감한 시기라 공부나 여자친구 이야기를 하다 보면 여러 문젯거리가 느껴졌어요. 그 상태로 이야기를 이어가니 계속해서 부정적인 방향으로 대화가 흘러갔습니다. 이런 상황이 몇 번씩 반복되다 보니 아이들과 사이가 상당히 좋지 않았습니다. 아이들과 이야기를 하면 항상 싸움이 됐어요. 결국 저와 아이들 사이는 물론, 아내와 아이들도 서로 사이가 안 좋아지고, 저와 아내 사이도 안 좋아졌죠. 제게는 굉장히 힘든 시간이었는데 그때 더 이상 지금까지와 같은 방식으로 대화를 해서는 안 되겠다는 생각이 들었습니다. 그런 생각이 드니까 코칭을 배우면서 익힌 방법을 집에서도 활용해보면 어떨까 싶더군요."

H님은 아이와 코칭 기법을 이용해 대화를 시작하면서 공부에 관한 이야기를 하지 않겠다고 다짐했다고 한다. 모든 것을 다 믿고 들어보자고 마음먹은 것이다.

"제일 먼저 '요즘 고민은 뭐야?', '요즘 관심 갖고 있는 건 뭐야?'라고 물었습니다. 애석하게도 아이에게서 돌아온 대답은 '무슨 말이에요?'였어요. 그도 그럴 법했죠. 갑자기 변한다는 게 어색하지 않았을까요?"

H님은 포기하지 않고 조금 더 친절하게 둘 다 알고 있는 과거의 이야기를 꺼냈다고 한다. 아이는 축구선수로 9년 동안 활동하나 부상을 입고 그만두있는데, 아이는 그때 운동선수라는 목표를 잃었다. 이후 공부를 해야 했는데 아이가 공부를 하지 않으니 갈등이 심화된 것이었다. 그래서 아이에게 운동선수라는 목표가 있었던 것을 상기시키고 이제 다시 구체화된 목표를 그려야 하지 않을까 화두를 던졌다고 한다. 그랬더니 아이는 차츰 자신이 좋아하는 것들과 그것으로 나아갈 수 있는 활동들에 대해 이야기하기 시작했다고 한다.

그는 코칭에서 배웠던 주요 질문들을 활용했다. 그렇게 대화하니 전혀 싸우지 않고 두 시간을 대화할 수 있었다. 이를 계기로 둘째와의 대화도 시도했다. 코칭에서 배운 방법으로 관계 형성을 해봐야겠다 마음먹은 것이다.

딸에게는 "아빠가 회사에서 이런 걸 배웠는데 이게 코칭이라는 거야. 의무적으로 시간을 채워야 해서 내가 이런 질문을 해보려고 해."라고 하면서 코칭에서 배운 여러 질문들을 던졌다고 한다. 딸은 아들보다 좀 더 자연스럽게 자기 고민을 털어놓았다. 학교 분위기와 친구들 이야기, 주변 친한 친구들의 유학 이야기 등 자신의 이야기를 꺼냈다고 한다.

이런 대화 방식의 변화는 놀라웠는데 딸과 대화를 마치고 그 다음 번에도 '코칭 숙제'를 해야 한다는 핑계로 딸에게 말을 걸어 보려던 생각이 무색하게 딸이 먼저 "아빠, 코칭 또 할까? 이번엔 무슨 주제로 얘기해야 되나?"라면서 말을 걸어왔다고 한다.

H님은 가족 간에 코칭적 대화를 할 때 '가족도 고객이다.'라는 마음가짐이 중요하다고 강조했다.

"가족이지만 아들, 딸을 고객이라 생각하고 코칭을 통해 배운 것들을 자녀들에게 활용한 것이 도움이 되었습니다. 가족이라도 그들의 삶에 대해 제가 모르는 부분을 듣는다고 생각하면서 말 입니다. 실제로 자녀들이 어떤 생각을 하며 살고 있는지 그 전에 는 잘 알지 못했어요. 부모와 자식 간의 거리가 코칭을 통해 좁 혀졌다 느낍니다."

상대에 대한 이해를 높여라

H님은 실장이 된 후 팀장 시절부터 함께 일한 17명을 제외한

44명까지 제대로 이해하기 위해서 실의 구성원들과 일대일 코칭을 진행했다. 60여 명의 많은 인원과 대화를 하다 보니 꽤 오랜 시간이 투입되었지만 그 시간이 헛되지 않을 만큼 구성원들에 대해 많은 부분을 이해하게 되었다고 한다.

구성원들은 입사한 지 길게는 25년, 짧게는 1년 치인 사람까지 다양한 인원이 모여 있었다. 오래 근무한 이들은 다들 업무에 대한 전문성이나 기술적인 부분에 대한 프라이드가 굉장히 강했고, 고집스러운 부분도 있었다. 그래서 자기 주장이 강한 분들도 있었다. 자신의 영역을 지키려고 하는 것이니 말이다. 입사한 지 얼마 되지 않은 이들은 업무나 회사에 대한 경험 외에 개인적인 이야기에 더 많은 부분을 할애하게 되었다. 오랜 경험을 갖고 계신 분들에게는 그들의 개인적인 가치관과 업무, 회사에 대한 변화의 이야기를 들을 수 있었고, 신입들에게는 지금의 업무를 어떻게 이해하고 있는지 개인적인 생각을 들을 수 있었던 것이다.

이런 일대일 코칭의 반응은 구성원 모두가 좋았다고 한다. 자신의 이야기를 들어주는 사람이 별로 없었는데 일단 이야기를 들어주는 사람이 있다는 사실 자체를 좋아했다. 특히 경력이 오래될수록 이런 기회가 적어지니 그분들은 더더욱 그랬다. 그런데

이 코칭이 주요했던 것은 H님이 스스로 의식적으로 코치의 모자를 썼다는 것이다.

"처음에는 편하게 대화를 시작했다가 잘 안 풀리는 것 같다고 느끼면 확실하게 코칭 프로세스를 적용해보았습니다. 코칭에서 배운 스킬들을 활용하지 않았다면 상대와의 대화가 과거처럼 일방적으로 흘러갔을 겁니다."

상대의 삶이 어땠는지 궁금해하고, 라포를 형성하고, 경청하고, 경청하되 코치의 모자를 쓰고 접근하니 대화의 결과가 달랐다. 대화를 통해 좀 더 나은 결과를 얻고 싶다면 이렇게 해보자. 코칭을 통해서 말이다. 코칭적 대화는 우리가 생각한 것보다 더 많은 것들을 바꿔준다.

사람들이 저에 대해 오해하고 있는 것 같아요
적극적으로 관계를 개선하고 싶은 당신에게

코칭이란 고객이 얻고자 하는 해답을 스스로 찾을 수 있도록 도와주는 일이다. 마지막으로 원활한 커뮤니케이션 방식을 알고

서로 다르지만 코칭으로 함께 성장하기로 했습니다

싶어 한 K님의 사례를 통해 더 나은 커뮤니케이션 방식을 모색해보고자 한다.

6회기 코칭에서 그는 자신이 앞으로 달라져야 할 모습과 방향을 스스로 자문자답했다.

K님은 회사 사람들이 자신의 실제 본모습과 너무 다르게 자신을 인식하고, 그것이 바뀌지 않는 것 같다며 고민하고 있었다.

"저는 초반에 나이 많은 선배들과 관계가 좋지 않았습니다. 이제 달라지고 싶은데 너무 멀리 온 것 같아서 어떻게 해야 할지 모르겠어요."

코칭을 진행하면서 그가 어떤 부분에서 답답함을 느끼는지를 스스로 인지하도록 안내하면서 질문을 던졌다.

"본연의 모습과 회사에서의 모습이 다르다는 걸 발견할 때 어떤가요?"

"이건 내 진짜 모습이 아닌 것 같을 때마다 '이건 아닌데…' 싶어요. 시간을 뒤로 돌려서 상대방 말에 다시 대답하고, 다시 행동하고 싶어져요."

"그럼 다시 신입사원 시절로 돌아간다면 어떻게 하고 싶으세요?"

"지금처럼 말하지 않을 거예요. 시간이 걸려도 한 번 더 생각하고 제 생각에 진심을 담아서 말할 것 같아요. 그리고 저의 그 생각을 조심스럽게 말하고 있다는 것도 어필하고요."

"그 당시 내가 선배였다면 나는 후배를 어떻게 대했을까요?"

"저는 그 선배가 저를 대한 것처럼 그를 힘들게 하지 않을 것 같아요. 처음부터 잘 알려줄 것 같아요. 이제 막 새로 들어와서 잘 모르잖아요. 우선은 알려주고, 잘하면 잘한다, 못하면 못했다 말해줄 겁니다. 아무것도 가르쳐주지 않고 그걸 왜 못하냐고 타박하지 않을 거예요."

"지금 상태로 5년을 지낸다면 어떻게 될까요?"

"그때도 선배들과의 관계를 힘들어하면서 지내고 있겠죠. 코치님의 질문에 답을 하다 보니 문득 제가 결혼할 때는 어떤 모습일지 떠올랐어요. 좋은 소식을 나눌 때에도 소원해진 사이 때문에 쭈뼛거리고, 불편해할 것 같아요. 또 친구들과 있을 때의 모습과 회사에서의 모습이 너무 달라서 제 마음이 더 신경 쓰이고 불편할 것 같아요. 제가 달라져야겠네요. 제가 신입사원으로 돌아갔다고 생각하면서 한 번 더 생각하고 진심을 담아 대답하고, 관계 설정을 다시 하도록 노력해봐야겠어요."

K님은 이렇게 자기 스스로 생각과 행동의 변화 방향을 찾아냈다. 코칭을 마치고 K님은 이런 소감을 남겼다.

"확 바뀌긴 어렵겠지만, 조금씩 제가 바라는 저의 모습을 비춰가겠습니다. 결혼식 청첩장을 돌릴 때를 떠올려본 것이 큰 계기가 된 깃 같아요. 회사에서 제 모습을 외면히기에는 회시에서 보내는 시간이 너무 기네요. 주변 가까운 연배의 동료들과 먼저 벽을 허무는 방식으로 가능한 곳부터 천천히 시도해 이걸 점점 넓게 확장해가는 느낌을 얻으면 좋겠습니다. 달라져보겠습니다."

INTERVIEW

인생을 함께 걷는
동반자가 되고 싶습니다

지금까지 현대모비스의 코칭 문화 확산을 위해 다양한 지원이 이루어졌고, 가시적인 성과들도 분명 있었다. 물론 이를 위한 모비스의 도전은 여전히 현재 진행형이고, 많은 부분이 더 강화되어야 한다는 걸 알고 있다. 그럼에도 우리의 도전에서 가장 큰 성과는 현업은 물론 코칭 문화를 조직에 뿌리내리도록 열심히 임하고 있는 사내코치들이 양성되었다는 점일 것이다. 사내코치들 몇몇과 나눈 인터뷰를 마지막으로 소개한다. 이들의 이야기를 통해 현대모비스의 사내코칭 문화 확산에 대한 의지와 사내코칭의 효과를 점검해볼 수 있을 것이다.

나는 화이부동을 꿈꿉니다

사내코치 J님

Q. 코칭 리더십을 접목하고 실제 조직 문화의 변화를 느끼나요?

제가 입사 29년 차가 되었는데 그동안은 어떤 문제에 부딪히면 그 문제를 해결하기에 급급했습니다. 그런데 코칭을 배우고 나서부터는 질문을 통해서 방향성을 찾으려고 합니다. 팀원 스스로가 방향성을 찾도록 하는 것도 변화 중에 하나죠.

저희 조직 내 문화가 크게 바뀌었는지는 사실 정량화할 수는 없습니다. 하지만 전체적인 조직 문화 점수가 많이 개선되었습니다. 어떻게 보면 저희 팀장들의 노력이 있었기에 가능한 일이었지요.

Q. 그 팀장님은 어떤 코칭 리더십을 펼쳤을까요?

작년에 우선 강점 워크숍과 드림 워크숍을 팀빌딩으로 했습

서로 다르지만 코칭으로 함께 성장하기로 했습니다

니다. 그 팀장이 처음에는 리더십 점수가 낮아서 팀 조직 문화 점수가 낮았을 때 굉장히 실망하고 고민을 많이 했습니다. 그런데 사내코치에 도전하고 스몰토크를 많이 실행하는 걸 봤어요. 이후 팀 조직 문화 점수가 매우 좋아졌고, 팀 분위기도 예전보다 좋아졌습니다.

Q. 사내코칭을 하면서 느낀 점이 있다면요?

사람들의 고민은 크게 다르지 않구나 생각했습니다. 하지만 같은 고민인데 풀어가는 방식은 다 다를 수 있겠구나 하는 생각이 들더라고요. 살면서 자기 삶이 너무 어둡다고 느끼는 사람들도 있잖아요. 그런 사람들에게 '사람들 고민하는 건 비슷하고 어디 가도 비슷한 고민을 하고 산다. 나만의 특별한 문제는 아니다.' 그런 말을 좀 해주고 싶더라고요.

Q. 사내코치에 도전한 리더분들이 포기하고 싶을 때 포기하지 않도록 케어한 적도 많다고 들었습니다. 어떤 마음이셨을까요?

임원들은 바빠서 사내코치 양성 과정을 완수하지 못하고 중도 포기하려는 분들이 많습니다. 아침 출근길에 주로 코칭 시간을 가졌습니다. 그분들은 사실 들어주는 것만으로도 큰 힘을 얻는 분들입니다. 모든 리더들은 은신처가 필요하다는 걸 느꼈어요. 자신의 고민을 해결하는 솔루션을 바라는 것이 아니라 그것을 말함으로써 스스로 답을 찾아가는 분들이지요. 경청이 은신처가 되는 분들이 바로 임원들이었습니다. 코칭이 그들에게 건전한 피난처가 되어주는 것을 느꼈어요.

Q. 코칭을 통해 얻게 된 것이 있다면요?

저는 질문의 힘을 믿습니다. 코칭 또한 질문을 던지는 거잖아요. 좋은 질문이 무엇일까 고민하고 생각하게 된 것이 참 좋았습니다. 똑같은 상황에서도 어떤 질문을 던져야 그 사람에게 도움이 되는지 생각해보게 되더라고요. 그리고 경청하는 태도를 가지게 된 것도 좋았습니다. 좋은 질문과 경청이라는 두 가지의 큰 바퀴가 솔루션에 있어서 중요 역할을 한다고 생각됩니다.

그리고 어려움을 깨고 나온 과정 또한 있습니다. 대한민국을 살고 있는 남자, 아버지 같은 가장의 역할을 하는 이들은 솔직히 고민을 입 밖으로 꺼내지 않는 게 덕목이라는 교육을 많

서로 다르지만 코칭으로 함께 성장하기로 했습니다

이 받고 자랐습니다. 고민을 꺼내면 그 순간 자신이 약해 보이거나 내 고민이 너무 가벼운 고민으로 비춰지지 않나 하는 오해도 살 수 있고요. 그 부분이 저 자신에게는 어려웠던 것 같은데 코칭 교육을 받으면서 그런 걱정이 좀 사라졌습니다.

Q. J님이 생각하는 코칭은 무엇인가요?

유리 같은 존재입니다. 고객을 대할 때 색안경을 끼지 않고, 뭔가에 가려지지 않은 투명한 유리처럼 생각하고 그 사람의 목소리에 귀를 기울여야 된다는 것. 선입견 없이 고객과 소통이 이루어져야 된다는 생각이 분명히 있는데 가끔씩 그게 나를 비추는 거울이 될 때가 있었어요. 코칭을 하면서 나를 비춰보게 될 때가 많습니다.

조직의 캐치프레이즈를 '화이부동'이라고 말한 J님은 코칭을 통해 화이부동의 철학을 더욱 굳건히 다지고 있다. '군자는 남과 화목하게 지내기는 하지만 무턱대고 남의 의견에 동의해 무리를 지어 어울리지는 않는다.'는 뜻의 실행 말이다.

서로에게 강점을 이야기해주는
팀원들이 힘입니다

사내코치 P님

Q. 사내코치가 되기로 결심하신 계기는 무엇이었나요?

K사내코치님에게 좋다는 이야기를 듣고 호기심이 있던 차에 강점 코칭을 받았습니다. 교육은 몇 시간 안 되었지만 '나는 이런 사람이구나. 이런 건 내 강점이구나.'를 알 수 있어서 좋았습니다. 혼란스러웠던 것이 좀 정리되는 느낌이 들었다고 할까요?

그리고 조직에서 좀 이상하다고 생각했던 팀원들을 이해하는 폭이 넓어졌습니다. 그들의 강점을 집중해서 보려고 하게 되었죠. 코치 자격증이 있는 것조차 몰랐는데 회사에서 지원을 해준다는 이야기를 듣고 하지 않을 이유가 없었어요.

　서로 다르지만 코칭으로 함께 성장하기로 했습니다

Q. 강점 코칭으로 조직의 분위기가 많이 바뀐 걸 느끼셨나요?

팀원들끼리 "너는 이게 강점이잖아. 네 강점은 이런 거잖아." 라며 서로의 존중할 점을 능동적으로 찾아주면서 이야기하는 것을 보니 좋더라고요. 서로 그런 피드백을 주고받으면서 열의가 함께 도모되고 업무를 대할 때 긍정적으로 변화하는 흐름이 보였습니다.

그리고 강점 코칭도 받고, 일대일 코칭도 받은 팀원은 업무적으로 낮은 평가를 받은 것에 대해 그전에는 자신에게 어떤 문제가 있었는지 인식하지 못했었는데 자기 인식이 생기는 것도 봤습니다. 10회기 코칭을 하면서 강점이 맹점으로 발휘되지 않도록 서서히 방향을 트는 모습도 볼 수 있었습니다. 동료들과의 갈등도 조금 누그러지는 모습을 보였고요.

Q. 사내코칭을 통해 뿌듯했던 에피소드가 있다면 소개해주세요.

고과가 나오고 나서 면담을 할 때였습니다. 고과를 잘 받은 사람은 상관이 없는데 고과에 마음을 다친 팀원이 있었어요. 셀리더에게 들어보니 내년에 일을 안 하겠다고까지 했다고 하더군요. 다른 조직으로 가고 싶다는 이야기를 했다고 했어요. 결론적으로 그 팀원은 지금 열심히 일하고 있습니다. 어떻게든 자기 성과를 내고 인정받으려는 자세로 바뀌었습니다. 그런 변화를 만든 요소는 여러 가지가 있겠지만 코칭의 힘도 있었을 거라 짐작합니다. '당신이 정말 원하는 것이 무엇인가요?'라고 물으니 인정받고 싶다고 하더군요. 그리고 마음이 열리니까 그러려면 어떻게 해야 하는지 스스로 해답을 찾아갔습니다. 닫혀 있는 마음의 문을 열기까지가 힘들지 그것이 되니 정말 다른 실행이 나왔습니다. 그리고 다회기 코칭을 통해서 서서히 진짜 속마음을 털어놓았습니다. 자신이 일을 못하느냐고 묻는데 대답을 해줬습니다. 저희 고과는 비율이 정해져 있어요. 그래서 "다 열심히 일하고 능력이 있지만 상대평가 고과 자체가 박탈감을 느낄 수도 있다."라고 일련의 과정을 이야기해주었습니다. 그러고 나니 정서적인 관리가 된 것 같습니다.

Q. 리더 중 사내코치 지원자들에게 한 말씀해주신다면요?

코치 자격증이 중요한 건 아닙니다. 툴이나 스킬들을 배우면 자기만 가질 수 있는 삶의 어떤 도구를 얻게 되는 것 같아요.

서로 다르지만 코칭으로 함께 성장하기로 했습니다

어떤 문제에 부딪혔을 때 내가 쓸 수 있는 도구를 하나 장착하는 거죠. 어렵지 않습니다. 포기하지 않으면 할 수 있습니다. 안 할 이유가 없습니다. 공짜예요. 한번 해보세요. 그냥.

Q. P님에게 코칭이란 무엇인가요?

삶의 동반자 같은 그런 느낌이에요. 사실 코칭을 하다 보면 강물이 이렇게 흐르고 있고. 그 강물이 코칭이라면 거기 떠 있는 배에 제가 앉아 있는 느낌 같습니다.

어느 날 보니 배에 제가 실려 가고 있더군요.

코칭이 구성원들에게 도움이 더 많이 되길 바란다는 P님은 코칭을 받다 보면 자기 인식이 생기고 그것이 조직에도 흐를 것이라는 확신을 가지고 있었다. 그 강물의 흐름에 코칭의 배를 띄워 움직이는 동료들이 더 많아지길 바란다.

EPILOGUE

에필로그

코칭은 끝없는 혁신을
가능하게 만든다

기업에서 사내코칭을 도입하는 이유는 코칭이 개인과 팀을 성장시키며 조직의 더 큰 목적을 이루는 데 기여하기 때문이다. 리더십 향상에 코칭을 접목시킨 것도 결국 조직의 리더십과 문화가 같이 성장하면서 성과를 낼 수 있도록 하기 위해서이다. 리더십을 향상시키는 것은 개인이 리더로 잘 설 수 있게 자질을 개발하는 것도 있지만 조직이 전략적으로 발전할 수 있도록 이끄는 조직 문화를 새롭게 만드는 능력을 개발한다는 뜻도 된다. 조직에서 코칭이 자연스럽게 이뤄지고 코칭적 대화가 스며든 조직 문화는 어떤 특징이 있을까?

일대일 이외에 전체 미팅에도 코칭적 대화가 흐를 것이다. 강압적인 문화보다 자율적인 문화가 자리 잡을 것이고 문제 해결이나 팀과 팀원의 지속적인 역량 개발을 장려하는 데에도 코칭이 이용될 것이다.

구성원들의 마인드 또한 변할 것이다. 한 사람이 답을 가지고 있다는 생각에서 탈피하여 함께 탐구하며 문제를 해결하려는 시도가 늘어날 것이다. 이를 기반으로 더 좋은 집단 지성의 힘으로 좋은 답을 구성원 스스로 찾아갈 것이다.

구성원들의 몰입도나 에너지가 달라질 것이다. 긍정적으로 변화하며 도전을 두려워하지 않고 새로운 배움을 향해 호기심을 가질 것이다.

구성원들 서로 간의 신뢰도 향상은 열정을 더욱 부추길 수 있다. 신뢰가 기반이 된 관계가 조직 내에 끈끈해지면 구성원의 잠재력과 가능성을 더 믿게 될 것이다.

조직 문화는 구성원 간의 소통이 원활하고 서로 윈윈하는 협업의 문화가 형성되어야 변화한다. 코칭은 업무 방식에서도 창의적 사고를 가져온다. 일터에서 창의성을 발휘할 수 있다는 것은

서로 다르지만 코칭으로 함께 성장하기로 했습니다

굉장한 호기심을 자극하는 일이다. 능동적인 탐구심을 자극하면서 자신의 문제 해결력을 더욱 향상시킬 수 있는 경험은 자연스럽게 업무 능력의 향상을 불러온다.

코칭은 상대방의 다름을 인정하는 아주 고차원적인 스킬이기도 하다. 메타인지와 다양성을 포용하는 문화가 자리 잡는다면 구성원들의 통찰력이 깊어질 것이다. 시야가 확대된다는 것은 변해가는 세상 속에서 조직과 자신을 같이 생각하면서 사회적 문제 해결력 또한 증진시킬 것이다.

코칭 문화가 스며들어 뿌리내린 조직은 끊임없이 혁신을 거듭하며 성장해나갈 것이다. 그 조직의 성과뿐만 아니라 사회적인 가치를 실현하는 데에도 큰 역할을 담당할 수 있을 것이다.

이런 믿음은 이제 현대모비스에서 실현되고 있다.

**서로 다르지만 코칭으로
함께 성장하기로 했습니다**

1판 1쇄 인쇄 2024년 10월 25일
1판 1쇄 발행 2024년 10월 30일

지은이 현대모비스 전임코치진
　　　　정희원, 이민주, 신철규

발행인 양원석　**편집** 출판기획실
디자인 남미현, 허선희　**영업마케팅** 조아라 박소정 한혜원

펴낸 곳 ㈜알에이치코리아
주소 서울시 금천구 가산디지털2로 53, 20층 (가산동, 한라시그마밸리)
편집문의 02-6443-8842　**도서문의** 02-6443-8800
홈페이지 http://rhk.co.kr
등록 2004년 1월 15일 제2-3726호

ISBN 978-89-255-7430-1 (03190)

서로
다르지만
코칭으로 함께
성장하기로
했습니다